어떻게 분노를 다스릴 것인가?

엮은이_ **제임스 롬** James Romm

1958년 뉴욕에서 태어나 예일대학교에서 고전을 전공하고 프린스턴대학교에서 박사학위를 받았다. 1990년부터 바드대학에서 그리스어 및 그리스 문학과 역사를 가르치고 있다.

지은 책으로『매일 죽다: 네로의 궁정에서의 세네카 Dying Every Day: Seneca at the Court of Nero』가 있고,《뉴욕 리뷰 오브 북스》《월스트리트저널》등 다수의 잡지에 글을 기고하고 있다.

어떻게
분노를
다스릴 것인가?

평정심을 찾고 싶은 현대인을 위한 고대의 지혜

1

세네카 · 제임스 롬 엮음 · 안규남 옮김

아날로그

일러두기

이 책은 세네카의 De Ira 중 일부를 발췌 번역하고 설명을 덧붙인 것이
다. 프린스턴대학교 출판부의 Ancient Wisdom for Modern Readers
시리즈 중 *How to Keep Your Cool: An Ancient Guide to Anger
Management*를 우리말로 옮겼다.

차례

들어가기에 앞서
세네카와 『분노에 대하여』   6

분노에 대하여 I
   분노의 민낯   19

분노에 대하여 II
   마음속 분노를 잠재우는 법   39

분노에 대하여 III
   폭발 직전의 분노를 다스리는 법   85

엮은이 주   148

들어가기에 앞서

세네카와 『분노에 대하여』

아우구스투스 케사르^{Augustus Caesar}에서 시작된 1인 지배 체제인 로마 원수정이 4대째에 접어든 1세기 중반에 세네카는 다음과 같이 썼다. "너의 분노는 일종의 광기다. 무가치한 것에 높은 가격을 매기기 때문이다."

세네카는 이런 생각을 자신의 형인 노바투스^{Novatus}에게 보내는 편지 형식으로 전했지만, 사실 그의 서한은 모든 로마인을 대상으로 한 것이었다. 그리고 과거 어느 시대보다 분노에 의한 광기 어린 행위들이 넘쳐나는 오늘날에도 그의 사상은 여전히 강력한 호소력을 갖는다.

세네카가 분노를 '가치에 대한 그릇된 평가'의 결과로 정의한 의도를 정확히 파악하려면, 사고 훈련이 필요하다. 최근에 겪은 일상적인 일 중에서 당신을 화나게 한 사건을 떠올려보라. 몰상식한 운전자가 갑자기 끼어드는 바람에 급정거했을 수도 있고, 서 있는 줄에 누군가가 새치기를 했을 수도 있으며, 그때 당신이 주차할 자리를 가로챘거나 바로 앞에서 택시를 가로챘을 수도 있다. 그때 당신은 화가 났는가? 십중팔구는 화가 났을 것이다.

그런데 하루나 이틀쯤 뒤에 그 일 때문에 당신의 삶이 훨씬 더 힘들어졌는가? 그 사람의 무례한 행위가 정말로 전 지구적 기후 변화만큼 **중요**했는가? 혹은 핵전쟁의 위협만큼 중요했는가? 그도 아니면 우리 은하의 여기저기에서 주위의 모든 것을 빨아들이는 블랙홀 속으로 별들이 사라지고 있다는 사실만큼 중요했는가?

매일 일어나고 있는 일들을 헤아릴 수 없이 광대한 것과 나란히 놓고 비교하는 것은 『분노에 대하여』에서 세네카가 특히 즐겨 구사하는 전략이다. 세네카는 우리의 관점을 이동시키거나 정신의 크기를 확장함으로써 우리가 화를 낼 만하다고 생각하는 일이 정말로 그럴 가치가 있는 일인지를 되돌아보게 한다.

멀찍이 물러서서 삶을 바라보면, 상처 입었다고 느낄 때 일어나는 분노의 원천인 긍지, 존엄, 자존심은 공허해 보인다. "한 걸음 뒤로 물러서서, 웃어라."(3.37). 『분노에 대하여』를 보면, 세네카가 위대한 지혜를 보여준 대표적 예로 들고 있는 인물들 — 고대 그리스 세계에서 가장 존경받는 현인이었던 소크라테스Socrates와 고대 로마 세계에서 세네카보다 앞 세기에 원로원 의원이었던 카토Cato the Younger — 은 침 뱉음을 당하고 괴롭힘에 시달리고 머리를 얻어맞아도 화를 내지 않았다. 심지어 아예 화 자체를 느끼지 않았던 것처럼 보이기도 한다.

당신 차의 통행우선권이 침해받는 것은 중요하지 않을 수 있지만, 당신의 반응은 **중요하다**고 세네카는 생각했다. 다른 운전자의 불법 행위에 순간적으로 짜증을 내거나 그를 향해 경적을 울리고 그를 다치게 하거나 죽이고 싶은 욕구를 느낄 때 당신의 영혼을 지배하고 있는 이성 ─ 올바르게 선택하고 도덕적으로 행동할 수 있는 능력 ─ 은 심각한 위협 아래 놓인다. 분노는 당신의 도덕적 상태를 가장 위태롭게 만드는 감정이다. 세네카가 보기에 분노는 가장 강렬하고 파괴적이고 저항할 수 없는 감정이기 때문이다. 분노는 절벽에서 뛰어내리는 것과 같다. 일단 분노가 주도권을 쥐게 되면, 하강을 멈출 길은 없다. 우리의 정신 건강을 위해서는 분노를 놓아주어야 한다. 그렇지 않으면 분노는 결코 우리를 놓아주지 않을 것이다.

세네카는 분노의 위험을 경험으로 알고 있었다. 『분노에 대하여』를 완성했거나 최소한 대부분을 썼을 즈음에 그는 로마 원로원 의원으로서 칼리굴라의 피로 얼룩진 4년간의 통치(37~41년)를 가까이에서 직접 목격했다. (오늘날 우리는 칼리굴라의 병에 분노라는 이름보다는 망상증이나 사디즘이라는 이름을 붙이지만, 세네카는 자신의 주장을 펼치기 위해 분노라는 제목하에 칼리굴라의 잔학행위들을 한데 묶었다).

칼리굴라는 『분노에 대하여』에 긴 그림자를 드리운다. 이 에세이에서 세네카는 그를 지칭할 때 칼리굴라라고 쓰기도 하지만, 분노를 고문 도구들, 불꽃과 검 그리고 내란과 관련지어 이야기할 때는 이름을 직접 쓰는 대신에 우회적으로 표현한다. 그는 칼리굴라가 통치하던 악몽 같은 시절을 보내면서 통제되지 않은 분노가 개인의 영혼, 나아가 국가 전체에 커다란 대가를 치르게 한다는 사실을 깨달았던 것으로 보인다.

철학자이면서 도덕 에세이를 쓰는 사람이 원로원에 진입하는 것은 드문 일이었다. 그러나 세네카는 보기 드물게 뛰어난 인물이었다. 젊은 시절에 그는 그리스에서 유입된 스토아 철학을 받아들인 스승들 밑에서 공부했다. 스토아 철학은 정신을 통해 자기 자신을 통제하고 신적 이성의 명령에 충실할 것을 권한다.

세네카는 스토아 철학의 길을 따르기로 결정했다. 그렇지만, 그가 선택한 길은 정통과는 거리가 멀었다. 그는 원숙한 저술가로서 스토아 철학만이 아니라 그 밖에 많은 철학적 전통도 글을 쓰는 데 활용했으며, 수사학이 번성하면서 위상이 높아진 실천 윤리를 지지하는 입장에 서서 이론과는 철저히 거리를 두었다. 그것을 보여주는 대표적인 예가 바로 『분노에 대하여』다. 이 에세이에서 명백히 스토아적 원리들에 뿌리를 두고 있는 것은 주로 전반부다. 에세이의 후반부(이 책의 많은 부분은 여기서 발췌했다)는 너무 많은 일을 하려고 들지 말라거나 실패할 것 같은 일들은 맡지 말라는 등의 조언을 하는 식으로 주로 실용적인 관점에서 분노 문제를 다룬다.

자신의 생활에 관해 쓴 내용들로 미루어볼 때 세네카는 자기 성찰적이고 내성적인 사람이었다. 그는 이 책의 3.36에서 매일 밤 조용한 침실에서 마치 참

선하듯이 그날 하루 동안 자신의 윤리적 선택들을 묵상하는 시간을 갖는다고 적고 있다. 하지만 잘 알다시피 세네카는 권력 가까이에 있었고 로마의 정치 게임에도 적극 참여했다(그 결과 불행한 일을 겪기도 했다). 그는 30대에 로마 원로원 의원이 되었고 사람들을 사로잡는 독창적인 연설로 명성을 얻었지만, 그의 뛰어난 언변은 칼리굴라의 질투를 불러일으켰다. 칼리굴라는 세네카를 죽일 생각이었다고 전해진다(하지만 조치를 취하기 전에 자신이 암살당했다). 칼리굴라의 뒤를 이어 권좌에 오른 클라우디우스Claudius 치하에서 세네카는 다시 의심을 사 코르시카에 유배된다. 칼리굴라의 여동생 중 하나와 간통을 했다는 혐의였는데, 그것은 그저 구실에 불과했던 것으로 보인다. 『분노에 대하여』는 이 유배 생활 동안에 쓰기 시작했을 가능성이 매우 높다.

코르시카에서 8년을 보내며 정치 경력이 거의 단절되었던 세네카는 49년에 클라우디우스의 양자이자 추정상속인인 13세의 네로를 가르치라는 중요한 명령을 받고 비로소 로마로 돌아가게 된다. 칼리굴라의 여동생 중 하나로, 클라우디우스의 새 부인이었던 아그리피나^Agrippina의 후원 덕분에 세네카는 전보다 영향력도 더 커지고 엄청난 부도 쌓게 된다. 『분노에 대하여』는 이 무렵에 완성된 것으로 보인다(정확한 날짜와 관련해 우리에게 남아 있는 확실한 단서로는 이 에세이의 수신자로 되어 있는 노바투스가 52년 말이나 53년 초쯤에 갈리오^Gallio로 이름이 바뀌었다는 사실밖에 없다. 이로 미루어볼 때, 이 에세이는 분명히 그 전에 세상에 나온 것으로 보인다).

이 에세이가 세상에 유포된 것은 오늘날의 정치가들이 고위 공직에 출마하기 전에 회고록을 출판하는 것과 마찬가지로, 저자인 세네카의 귀환을 알리는 동시에 제국의 핵심 권력층으로 복귀한 그의 인간됨을 선전하려는 목적에서였던 것으로 보인다.

『분노에 대하여』의 주제는 한마디로 자비로움이라는 의미에서의 인간애다. 세네카는 분노를 벌을 주고자 하는 욕망으로 정의하고는 그러한 욕망을 저지하기 위해 인간들이 공유하고 있는 많은 공통점, 특히 용서할 수 있는 능력을 환기시킨다. 칼리굴라 같은 괴물들과 소크라테스 같은 성인들 사이에는 모두 죄인이지만 관용을 받을 만한 가치가 있는 99.9퍼센트의 사람들이 존재한다. 이 에세이의 마지막 부분에서 세네카는 "서로에게 더 친절하라"고 강력히 권유한다. "우리는 악한 사람들 사이에 살고 있는 악한 사람들일 뿐이다. 우리에게 평화를 줄 수 있는 것은 오직 하나, 상호 관용의 협약뿐이다." 사회 계약의 기초를 이루는 인간의 오류 가능성이라는 주제는 세네카의 저술들에서 종종 다루어지지만, 이 에세이에서만큼 분명하고도 기품 있게 표현된 것은 없다.

세네카는 『분노에 대하여』에 자신이 가진 모든 수사학적 능력을 쏟아부었다. 독자들은 기괴하기 짝이 없는 잔혹한 이야기에 소름이 돋기도 하고, 자비를 권하는 강력한 말에 마음이 고양되기도 하고, 늘 세네카의 머리를 맴돌던 냉혹한 절대자인 죽음의 공포에 사로잡히기도 한다. 세네카는 대단히 매력적인 산문체를 구사함으로써 읽는 사람이 그의 말을 단 한마디도 놓칠 수 없게 만든다(하지만 이 책은 그의 말을 "단 한 마디도 놓치지 않고" 옮긴 것은 아니다. 『분노에 대하여』의 3분의 1가량만 발췌해 번역했기 때문이다. 전문을 읽고 싶다면, 시카고 대학교 출판부에서 나온 로버트 카스터Robert A. Kaster와 마사 누스바움Martha C. Nussbaum의 『분노, 자비, 복수Anger, Mercy, Revenge』를 보라.)

세네카는 그로서는 어쩔 도리가 없었던 분노에 희생되어 생을 마감했다. 15년 넘게 세네카의 후견을 받았던 네로 황제는 60년대 중반에 이르러 점차 불안정한 모습을 보이고 망상에 사로잡히게 되었다. 그리하여 저 암울했던 칼리굴라 황제 때와 마찬가지로 황제의 분노가 또 다시 고개를 쳐들기 시작했다. 마침내 65년에 세네카는 암살 음모에 가담했다는 이유로 자결하라는 명을 받고 생을 마감했는데, 당시에 제시된 증거는 조작된 것이었다.

그동안 세네카의 저술은 그의 뒤를 잇는 두 명의 위대한 스토아주의자인 에픽테토스^{Epictetus}와 마르쿠스 아우렐리우스^{Marcus Aurelius}의 저술들에 비해 접근이 쉽지 않았다. 세네카의 삶이 복잡하게 얽혀 있는 데다 그가 남긴 저술의 양도 상당했기 때문이다. 그럼에도 그의 사상은 지금도 여전히 어떤 사람들에게는 영감의 원천이자 도덕의식에 대한 안내서 역할을 하고 있다.

20세기 중반 심리학자 앨버트 엘리스^{Albert Ellis}는 세네카와 그밖에 스토아주의자들의 사상을 바탕으로 합리적인 감정적 행동 치료 학파를 세웠고, 그로부터 다시 몇 십 년 뒤에 미셸 푸코^{Michel Foucault}는 세네카가 날마다 실천한 묵상을 '자기 돌봄'이라는 개념의 모델로 삼았다. 현대 세계에 사는 우리가 한밤중에 조용한 침실에서 영혼의 많은 병을 치료할 길을 모색할 때 고대의 스토아주의는 영혼을 치유하는 역할을 한다.

세네카는 네로 시대의 최상류층 로마인들뿐만 아

니라 모든 시대의 모든 사람을 향해 자신의 사상을 펼쳤다. 지금 이 책은 그 사상에 대한 경의의 표현이다. 분노가 창궐하는 시대에 세네카는 우리에게 많은 가르침을 준다.

세네카의 『분노에 대하여』는 정치에 입문해 상원의원을 지낸 자신의 형 노바투스에게 보내는 편지 형식으로 되어 있다(노바투스는 훗날 갈리오 Gallio라는 부유한 후원자의 양자로 입적되면서 갈리오로 개명하게 된다. 성서의 사 도행전을 보면 코린트에서 사도 바울의 사건을 맡은 아가야 총독 갈리오가 나오 는데, 이 인물이 바로 노바투스다). 그러나 형을 수신자로 한 것은 허구적 장 치일 뿐 실제로는 세네카의 동료들인 최고위층 로마인들을 대상으로 쓴 것으로, 이 책은 오늘날 많은 사람들에게도 충분히 도움이 될 것이다.

분노에 대하여 Ⅰ

분노의 민낯

분노는 무너져 내리는 건물과 같다

(1.1) 노바투스여! 너는 내게 분노를 가라앉힐 수 있는 방법에 대해 써보라고 권했다. 네가 분노라는 감정을 몹시 두려워하는 것은 당연하다고 생각한다. 분노는 모든 감정 중 가장 추악하고 야만적이기 때문이다. 다른 감정들에는 얼마간의 고요함과 차분함이 있지만, 분노라는 놈은 사납게 미쳐 날뛰며 — 인간에게서 찾아보기 힘들 만큼 격렬하게 — 고통, 무기, 피, 고문을 갈구하다가 급기야 자신의 이익까지도 내동댕이치면서 남들에게 해를 입히려 든다.

이놈은 전투태세에 돌입해서는 앙갚음하는 당사자를 나락으로 떨어뜨릴 뿐인 보복을 탐욕스럽게 추구한다. 그래서인지 어떤 현자들은 분노를 '순간의 광기'라고 부르기도 한다. 광기와 마찬가지로 분노 또한 스스로를 통제할 수 없고, 예의범절도 무시하고, 우정도 개의치 않고, 시작되면 악착같이 끝을 보려 들고, 이성과 충고에 귀를 닫고, 별 것 아닌 말이나 행동에 흥분하고, 옳고 그름을 가리지 못하기 때문이다. 실로 분노는 무너져 내리는 건물과도 같다. 자신이 무너트리면서 파괴해버린 것 위로 자기 자신도 같이 산산이 부서져 흐트러지기 때문이다.

분노에 사로잡힌 사람들이 제정신이 아님은 그들의 모습을 보면 알 수 있다. 미친 사람들이 오만하고 위협적인 말투, 불행한 표정, 찌푸린 이마, 흥분한 걸음걸이, 떨리는 손, 얼굴색의 변화, 거칠고 가쁜 숨 같은 분명한 징후를 보이듯, 화난 사람들도 같은 징후를 보인다. 화난 사람은 눈빛이 이글이글 불타오르면서 번득이고, 몸속 깊은 곳의 장기들에서 끓어오른 피로 얼굴이 시뻘게지고, 입술이 떨리고, 이를 악물고, 머리카락이 곤두서고, 거칠고 가쁘게 숨을 쉰다. 또한 사지가 뒤틀리면서 관절이 꺾이는 소리를 내고, 한숨을 쉬고, 신음 소리를 내고, 알아들을 수 없는 소리가 뒤섞인 말을 하고, 양 주먹을 맞부딪치고, 발로 쾅쾅 땅을 구르고, 온몸으로 격렬하게 '분노의 강력한 조짐들을 휘두른다.'[1] 얼굴은 흉하게 일그러지고 점점 부풀어올라 차마 지켜보기 역겨울 정도다. 이것을 보고 '혐오스럽다'고 해야 할지, 아니면 '기괴하다'고 해야 할지 난감하다.

다른 감정들은 감출 수 있고 마음속으로 몰래 키울 수 있지만, 분노는 저절로 끓어올라 표정으로 드러난다. 분노는 정도가 심할수록 그만큼 더 노골적으로 끓어오른다. 동물들이 화가 나서 상대를 해치려 들 때 어떤 공격 신호를 내보내는지 잘 알지 않는가? 평소의 차분한 모습은 온데간데없고 온몸으로 난폭한 공격성을 표출한다. 멧돼지는 입에서 게거품을 흘리고 엄니를 갈아 날카롭게 만들며, 황소는 뿔로 허공을 치받고 발굽으로 모래를 흩뿌리며, 사자는 포효하고, 뱀은 목을 부풀리고, 미친개의 표정은 바라보기 힘들 만큼 끔찍하다. 평소에는 전혀 무섭거나 위험하지 않은 동물도 일단 화가 나면 그동안 몰랐던 사납고 잔인한 모습을 보인다.

물론 나는 분노 이외의 감정들도 감추기 힘들며 정욕이나 두려움, 용기 같은 감정들도 분명히 알아볼 수 있는 징후들을 보인다는 사실을 잘 알고 있다. 우리 안에서 강렬한 감정이 일어날 때는 어떤 식으로든 표정이 변하기 마련이기 때문이다. 그렇다면 다른 점이 무엇인가? 다른 감정들이 솟아 있는 정도라면, 분노는 우뚝 솟아 있다고 할 수 있다.

분노에 희생당한 자들을 보라

(1.2) 이제 분노가 초래한 해악들을 살펴보자. 그 어떤 역병도 분노만큼 인류에게 커다란 해악을 초래한 적은 없다. 학살, 독약, 원고와 피고 간의 이전투구, 도시의 파멸, 종족의 멸종, 경매에서 팔려나간 왕과 귀족들,[2] 건물에 던져진 횃불, 성 밖의 드넓은 땅에서 밝게 빛나는 적군의 불길.[3]

한때는 가장 찬란했으나 이제는 주춧돌도 알아보기 어려울 만큼 파괴된 도시들을 보라. 그 도시들을 무너뜨린 것은 분노였다. 사는 사람 하나 없이 길게 펼쳐진 황무지를 보라. 그곳을 황무지로 만든 것은 분노였다. 기구한 운명을 맞이한 대표적 인물들로 꼽히는 지도자들을 보라. 잠든 사람의 가슴에 비수를 꽂고, 신성한 의식 중에 살인을 저지르고, 재판이 열리고 있는 광장에서 군중이 지켜보는 가운데 난도질을 하고, 아들의 손에 아버지의 피를 묻히고, 노예의 손에 왕의 목이 떨어져나가게 하고, 십자가에 사지를 매달게 한 것은 모두 분노였다.* 지금까지는 분노의 공격에 고통받은 개인들만 이야기했을 뿐이다. 분노의 불길에 하나씩 쓰러져간 개인들만이 아니라 난도질당한 집단들, 진압군의 칼에 도륙된 폭도들, 무차별 학살에 쓰러져간 민족들을 생각해보라.

---

* 현존하는 라틴어 본에서는 1, 2절이 여기서 끝난다. 그런데 다른 자료들에 따르면, 위의 마지막 문장 다음에 분노를 '실재하는 악 혹은 인지된 악을 벌하고자 하는 욕구'라고 정의하는 문장이 이어진다. 이 정의는 뒤에 가서 분노를 막거나 누그러뜨리는 방법을 이야기할 때 중요한 역할을 한다.

분노를 통제하는 것은 가능한가

(1.7)[5] 하지만 "분노가 자연에 반하는 것이라 해도 유용하기만 하다면, 채택하지 않을 이유가 어디 있는가?"라고 반문할 수 있다. 분노는 사기를 드높이고 진작하며, 용기는 분노 없이는 — 즉 우리 마음속에 분노의 불길이 일지 않고 분노의 꼬챙이에 자극받은 담찬 자들이 위험 속으로 뛰어들지 않으면 — 그 어떤 위대한 군사적 업적도 달성할 수 없다. 그래서 어떤 사람들은 분노를 제거하기보다는 조절하는 것이, 적당한 수준으로 유지하는 것이, 흘러넘치지 않도록 억제하는 것이, 행동력이 약해지고 마음의 활력이 분산되지 않도록 계속 유지하는 것이 좋다고 생각한다.

하지만 해로운 것들은 통제보다 금지가 더 쉽고, 완화보다 애초에 진입 자체를 막는 것이 더 쉽다. 해로운 것들이 자리를 잡으면, 그것들은 감독관[6]보다 더 강해져서 감소나 완화를 받아들이지 않는다. 그렇기에 통제권을 쥔 이성은 정념에서 멀어질 경우에만 힘을 발휘할 수 있다. 정념과 뒤섞여 오염된 이성은 전에는 거부할 수 있던 것을 더 이상 막을 수 없다. 정신은 일단 흔들리기 시작해 무너져버리면 자신을 부리는 것의 노예가 된다.

시작은 우리에게 달려 있지만 일단 시작된 뒤에는 스스로의 힘으로 우리를 끌고 가면서 조금의 뒷걸음질도 허용하지 않는 것들이 있다. 자유낙하를 하는 사람에게는 낙하를 저지하거나 늦출 힘이 없듯이 저지할 수 없는 급속한 낙하 때문에 생각도 후회도 불가능해지고 애초에 떨어지지 않았더라면 도달하지 **않았을** 곳에 이를 수밖에 없듯이, 정신도 분노와 사랑 및 그 밖의 감정들에 사로잡히면 자신의 움직임을 제어할 수 없게 된다. 정신 자체의 중력과 아래로 향하는 악덕의 본성이 정신을 바닥으로 끌어내린다.

분노라는 적은 최전선에서 격퇴해야 한다

(1.8) 화가 날 것 같으면 처음부터 그 움직임을 저지하고 싹을 짓밟아버리고 끌려 들어가지 않으려 노력하는 것이 제일 좋다. 일단 화가 나 길에서 벗어나게 되면 안전한 곳으로 되돌아오기가 어렵기 때문이다. 정념이 일단 마음속으로 들어와 지배권을 틀어쥐면 이성이 설 자리는 없어진다. 그 순간부터 화는 그 사람의 의사와 상관없이 제가 하고 싶은 대로 할 것이다.

그러면 안 된다. 분노라는 적은 최전선에서 격퇴해야 한다. 분노가 국경을 넘어 관문을 통과하면, 그것은 점령한 땅의 사람들을 포로로 잡고 무조건 항복을 요구한다. 이제 정신은 멀리 떨어진 곳에서 정념들이 경계선을 넘어오지 못하게 감시하는 존재가 아니다. 적에게 넘어간 약해진 정신은 이제 정념으로 변질되어 애초의 유용하고 건전한 지배력을 되찾지 못한다.

분노는 복수의 가장 큰 장애물이다

(1.12) 이렇게 반문하는 사람이 있을 것이다. "그렇다면 좋은 사람은 아버지가 죽임을 당하거나 어머니가 강간당하는 것을 보더라도 분노하지 않는단 말인가?"[7]

그렇다. 분노하는 대신 복수를 하거나 혹은 애초에 그런 일이 생기는 것을 막는다. 분노 없이 의무감만으로는 그렇게 할 수 없을 것 같은가? 그는 다음과 같이 반문할 것이다.

"좋은 사람은 자기 아버지나 아들이 난도질당하는 것을 봐도 울지 않는단 말인가? 정신을 잃지 않는단 말인가?"[8] (…)

좋은 사람은 두려움이나 동요 없이 자신의 의무를 이행할 것이다. 그는 **좋은** 사람에 걸맞은 행동을 할 것이고, **인간**답지 않은 일은 결코 하지 않을 것이다. 나의 아버지가 살해를 당하고 있다. 나는 그를 지킬 것이다. 그가 **이미** 죽임을 당했다. 나는 아버지의 원수를 갚을 것이다. 원통해서가 아니라 그것이 옳기 때문이다. (…) 자기 식구와 일가친척을 위해 분노하는 것은 충성스러운 마음의 표시가 아니라 약한 정신을 보여주는 것이다. 감정에 이끌리거나 격분해서가 아니라 의무감에서, 즉 지혜와 통찰력을 가지고 자기 의지로 부모, 자식, 친구들을 위해 행위하는 것, 이것이야말로 고귀하고 가치 있는 것이다.

분노보다 복수를 더 열렬히 갈구하는 감정은 없다. 그런데 바로 그렇기 때문에 분노만큼 복수에 적합하지 **않은** 것은 없다. 분노는 모든 탐욕과 마찬가지로 성급하고 무모해서 목표를 향해 돌진하다가 자기 자신이 장애물이 되고 만다.

분노의 감정으로 벌하지 말라

(1.15) 벌을 내리는 사람에게 분노만큼 부적절한 것은 없다. 벌을 정하는 판단이 객관적이고 타당할수록 징벌은 교정에 더 효과적이다. 그렇기 때문에 소크라테스는 자기 노예에게 이렇게 말했다. "내가 화가 나지만 않았어도 너를 때릴 텐데." 소크라테스는 화가 가라앉을 때까지 노예에 대한 처벌을 미루었다. 화가 난 **바로** 그 순간, 자기 자신을 질책했던 것이다.

소크라테스조차도 감히 자신을 분노에 맡길 엄두를 내지 못했는데, 과연 누가 자신의 정념들을 다스릴 수 있겠는가?

분노는 위대함의 토대가 될 수 없다

(1.20) 분노가 어떤 식으로든 위대함을 낳는 데 도움이 된다고 생각해서는 안 된다. 그것은 위대함이 아니라 부은 것일 뿐이다. 마치 해로운 체액으로 팽만해진 몸에서 발생한 질병이 '성장'이 아니라 해로운 체액이 가득 차다 못해 흘러넘친 결과이듯 말이다.

정신이 나가서 유한한 사고 너머에 도달한 자들은 자신들이 뭔가 고상하고 숭고한 것에서 살아가고 있다고 믿는다. 하지만 그러한 믿음을 뒷받침할 만한 굳건한 토대 같은 것은 전혀 없다. 기초 없이 자라난 것은 파멸로 빠져들기 쉽다. 분노는 믿고 의지할 것이 아무것도 없다. 분노는 오랫동안 지속될 수 있는 것에서 생겨나지 않는다. (…)

"그렇다면 위대한 정신에서 나온 것처럼 보이는 말들이 화난 사람들에게서는 나오지 않는단 말인가?"

그렇다. 그런 말들은 오히려 진정한 위대함이 뭔지도 모르는 사람들에게서 나온다. "날 두려워하기만 한다면, 날 증오해도 상관없다"[9]는 저 더없이 끔찍하고 혐오스러운 말. (…) 저 말이 위대한 정신에서 나왔다고 생각하는가? 아니, 저것은 위대함이 아니라 기괴함이다.

화난 사람들의 말을 믿을 이유는 없다. 화난 사람들은 속으로는 잔뜩 겁을 집어먹었으면서 겉으로만 큰소리 치고 위협할 뿐이다. 박학다식하기 이를 데 없는 저술가인 리비우스Titus Livius의 저작들에 나오는 "선함을 넘어 위대한 인간"[10]이라는 표현을 진실이라고 생각할 이유는 없다. 선함과 위대함은 떼어놓고 생각할 수 없다. 위대한 데 선하지 않을 수는 없기 때문이다. 내가 알기로 영혼의 위대함이란 어떤 것에도 흔들리지 않고 지극히 단단하고 정의롭고 초지일관 군건한 것인데, 악한 본성에는 그런 것이 있을 수 없기 때문이다. 무섭고 난폭하고 파괴적인 자들이 존재할 **수는 있지만**, 그들은 위대함을 가질 수 없다. 위대함의 토대는 강함과 선함이다.

그자들은 말과 노력 그리고 자신들이 외적으로 보여줄 수 있는 온갖 것을 통해 위대한 사람이라는 **인상**을 풍길 것이다. 네 **생각**에 위대한 정신에서 나오는 무슨 말인가를 외칠 것이다. 칼리굴라가 했듯이 말이다. 그는 천둥소리 때문에 무언극(그는 극을 관람하기보다는 흉내 내는 데 더 열을 올리고 있었다)이 중단되고 벼락 때문에 떠들썩한 연회 자리가 공포에 사로잡히자 하늘에 대고 화를 냈다. 그리고 주피터에게 결투를 신청했다. 그리고는 호메로스의 저 유명한 시구를 낭송했다. "나를 들어 올려보시오. 아니면 내가 들겠소."¹¹

이 무슨 미친 짓이란 말인가! 그는 주피터라도 자신을 해칠 수는 없다고 생각했거나 아니면 자신은 주피터조차도 해칠 수 있다고 생각했던 것이다. 나는 이 말이 그의 암살을 모의한 사람들이 결의를 다지는 데 일조했을 것이라고 생각한다.[12] 주피터 신에게도 대드는 자를 더는 참고 봐줄 수 없었을 것이기 때문이다.

분노에는 그 어떤 고귀함도 깃들 수 없다

(1.21) 이렇듯 분노에는 위대하거나 고귀하다고 할 만한 것이 하나도 없다. 분노가 오만한 태도로 인간과 신들을 비웃는 것처럼 보일 때도 마찬가지다. 만일 분노가 누군가의 마음속에 **실제로** 위대함을 낳는 것처럼 보인다면, 사치도 정신의 위대함을 낳을 수 있을 것이다. 사치는 자주색 옷을 입고 금으로 뒤덮인 채 상아 의자에 앉는 것을 좋아하고, 소유지를 이곳저곳으로 옮기고 둑으로 바다를 막고 강을 폭포로 바꾸고 공중에 숲을 짓기를 좋아하니까 말이다.[13]

그리고 탐욕도 위대한 정신에서 나오는 것처럼 보일 것이다. 탐욕은 금은 더미 위에 드러누워서는 '속주'라는 이름으로 불리는 땅을 경작하고, 개개의 관리인이 맡고 있는 면적만 해도 집정관들에게 주어진 것보다 훨씬 큰 토지를 소유한다.[14] 정욕도 위대한 정신에서 나오는 것처럼 **보일** 것이다. 정욕은 해협을 헤엄쳐 건너고 수많은 소년들을 거세하고[15] 죽음도 아랑곳하지 않고 남편의 칼 밑에 몸을 맡긴다. (…)

그런데 이런 것들은 아무리 많은 성과를 거둔다 해도 하찮고 천박하고 저급하다. 오로지 덕만이 고결하고 숭고하다. 위대한 것치고 평화 속에 있지 않은 것은 없다.

---

* 지금까지 분노의 정의와 특징들을 이야기했다면, 후반부에서는 분노에 사로잡히지 않는 방법이라든가, 분노를 다스리는 방법 등 실천적인 내용을 다룬다.

분노에 대하여 Ⅱ

마음속 분노를 잠재우는 법

분노를 다스리는 두 가지 방법

(2.18) 이제 분노 치료법을 다루어볼까 한다. 내 생각에 치료법으로는 두 가지가 있다. 하나는 아예 분노라는 감정 자체에 빠지지 않는 것이고, 다른 하나는 화가 났을 때 잘못된 행위를 피하는 것이다. 신체의 경우에 건강을 유지하기 위한 치료가 있고 건강을 회복하기 위한 치료가 있듯이, 분노의 경우에도 아예 분노를 차단하는 방법을 써야 할 때가 있고 분노를 억제하는 방법을 써야 할 때가 있다.

먼저 아예 분노를 차단하는 방법과 관련해서 인생 전체에 적용되는 교훈을 '아이를 키울 때'와 '그 이후'로 나눠 살펴보자. 아이를 키우는 것은 최고의 노력이 필요한 일이지만, 매우 큰 보상이 뒤따른다. 우리 안에 뿌리박힌 악덕은 제거하기 어렵지만, 아직 굳어지지 않은 정신은 만들어가기 쉽기 때문이다.

아이를 키울 때는 중용의 마음이 필요하다

(2.21) 단언컨대 아이를 건강한 방식으로 기르면 매우 큰 혜택을 얻는다. 하지만 그것은 결코 쉬운 일이 아니다. 왜냐하면 아이 마음속에 분노가 자라나지 않게 하면서 동시에 자연적 충동을 억누르지 않도록 해야 하기 때문이다.

그것은 세심한 주의가 필요한 일이다. 왜냐하면 북돋워줘야 할 것과 억제해주어야 할 것이 서로 비슷해서 잘 살피더라도 분간하기가 쉽지 않기 때문이다. 정신은 자유를 주면 활기가 넘치고 구속하면 위축된다. 정신은 칭찬을 받고 스스로를 존중하라는 격려를 받으면 빨리 성장한다. 하지만 자유와 칭찬은 오만함과 쉽게 화내는 성격을 불러오기도 한다. 그러니 어떤 때는 고삐를 당기고 어떤 때는 회초리를 쓰면서 중용의 길을 가야 한다.

아이의 정신이 천박하고 노예적인 것과 만나는 일이 없게 해야 한다. 아이가 원하는 것을 얻으려고 구걸하듯이 매달리게 해서는 안 되고, 매달리기만 하면 어떤 것이든 가질 수 있게 해서도 안 된다. 지금까지 한 일이나 앞으로 좋은 일을 하겠다는 약속을 토대로 원하는 것을 가질 수 있게 해야 한다.

아이들이 친구들과의 경쟁에서 패배하도록 내버려 두거나 화내도록 내버려 두어서도 안 된다. 경쟁자들이 자신의 친구들임을 알게 함으로써 그들을 다치게 하고 싶어 하는 대신에 이기고 싶어 하는 습관을 갖도록 키워야 한다. 아이들이 경쟁에서 이기거나 칭찬받을 일을 할 때는 기를 세워주되 자만에 빠지지 않게 해야 한다. 칭찬받는 즐거움은 내가 해냈다는 희열로 이어지고, 이런 희열은 교만한 자아와 과도한 자존감으로 이어지기 때문이다.

아이에게 어느 정도 쉴 시간을 주되 게으름을 피우거나 빈둥거릴 정도로 풀어주어서는 안 된다. 또 아이가 감각적 쾌락에 빠져들지 않게 해야 한다. 지나치게 풍족하고 달콤한 양육만큼 아이를 화를 잘 내는 어른으로 키우는 것은 없기 때문이다. 외동아이의 응석을 받아줄수록, 후견을 받는 고아에게 많은 것을 허용할수록, 아이의 정신은 더 망가진다. 엄마가 눈물을 닦아주는 아이, 보모가 대신 혼나는 아이, 한 번도 "안 돼"라는 말을 들어본 적이 없는 아이는 제 뜻대로 되지 않는 상황에 대처할 능력을 전혀 갖추지 못하게 된다.

더 큰 성공이 어떻게 더 큰 분노를 불러일으키는지 알지 않는가? 부자, 귀족, 관리들의 마음속에서 경박하고 공허한 무엇인가가 일어나면, 그것은 마치 순풍을 만난 배처럼 힘을 받는다. 아첨꾼들이 저들의 오만한 귀에 대고 "**그자**가 **나으리**께 그런 식으로 말해도 괜찮으십니까? 나으리의 지위를 생각해보십시오. 왜 자신을 스스로 낮추시는 것입니까?"라고 속삭인다든가, 어려서부터 굳건한 토대 위에 세워진 건전한 정신의 소유자조차도 거부할 수 없는 말들을 속삭이면, 성공한 자들의 마음속에서는 분노의 불길이 서서히 피어오르기 시작한다.

아이를 키울 때는 입에 발린 칭찬을 멀리하고, 진실을 말해주어야 한다. 아이가 가끔은 두려움을 느끼고 언제나 남을 존중하고 어른 앞에서는 일어나도록 가르쳐야 한다. 화를 내기만 하면 무엇이든 손에 넣을 수 있는 게 아님을 알려줘야 한다. 아이가 징징 대며 우는 소리를 할 때는 원하는 것을 주지 말고, 가만히 있으면 원하는 것을 주도록 해야 한다.

아이가 부모의 재산에 관심을 갖게는 하되 쓰지는 못하게 해야 한다. 뭐가 됐든 거짓말을 하면 혼을 내야 한다. 성정이 평온한 선생님과 하인들을 곁에 두는 것도 매우 효과적인 방법이다. 모든 평온한 것들은 근처에 있는 것들이 자신을 닮게 만드는 힘을 갖고 있기 때문이다. 아이가 자라서 청년이 되면 그에게 유모나 보모의 성격이 있는 것을 볼 수 있다.

플라톤의 집에서 자라다가 부모님 집으로 돌아간 소년은 아버지가 고함을 지르는 모습을 보고 말했다. "플라톤 선생님 댁에서는 이런 걸 본 적이 없어요."[16] 하지만 분명히 그 소년은 얼마 지나지 않아 플라톤보다 자기 아버지를 닮게 되었을 것이다.

아이의 식사는 소박하게, 옷은 수수하게, 생활 방식은 또래들과 같도록 해야 한다. 처음부터 다른 아이들과 다를 바 없이 자란 아이들은 남들과 비교당해도 화를 내지 않는다.

---

* 세네카는 자녀 양육에 관한 이야기는 이것으로 마치고, 성격 형성이 끝난 성인에 대한 이야기로 넘어간다. 그는 '부당한 것으로 인식된 행위를 벌하고자 하는 욕구'라는 분노에 대한 정의를 바탕으로 부당한 대우를 받았다는 생각을 피할 수 있는 다양한 방법을 모색한다. 그 결과 인간은 누구나 오류를 범할 수 있고, 따라서 잘못된 행위를 하는 사람들에게도 자비를 베풀어야 한다는 주목할 만한 결론에 도달한다.

섣불리 판단하지 말라

(2.22) 그러나 이런 방법들은 아이들에게나 해당되는 것이다. 우리 어른들에게는 아이들처럼 출생의 우연과 양육을 통해 잘못되거나 좋아질 기회가 이미 사라지고 없기 때문이다. 대신에 우리는 그 뒤에 오는 것을 잘 관리해야 한다.

그러니 우리는 분노의 제1원인에 맞서 싸워야 하는데, 분노의 제1원인은 부당한 피해를 입었다는 생각이다. 이 생각을 그대로 믿어서는 안 된다. 아무리 간단하고 명백해 보이는 것이라도 곧바로 믿어서는 안 된다. 더러는 거짓이 진리의 외양을 하고 나타나기 때문이다. 서두르지 말고, 시간을 가져야 한다. 때가 되면 진실은 드러나게 마련이다.

남을 헐뜯는 말에 너무 쉽게 귀 기울이지 말고, 인간 본성에 존재하는 이러한 결함에 주목하고, 그러한 결함이 작용하고 있지는 않은지 항상 의심해야 한다. 우리는 자신이 듣기 싫어하는 말을 쉽게 믿고, 판단을 내리기도 전에 화부터 낸다. 그러니까 생각해봐야 한다. 혹시 비난하는 말 때문이 아니라 단지 의심 때문에 뭔가를 하고 누군가의 표정이나 웃음을 가장 나쁘게 해석해서 아무 죄 없는 사람에게 화를 내는 것은 아닌가?

그러면 안 된다. 우리는 설혹 자신의 이익에 반하는 일이 생기더라도 불출석한 피고를 변호해야 하고,[17] 판단을 유보하면서 분노를 억제해야 한다. 유예된 형벌은 나중에라도 집행할 수 있지만, 일단 집행된 형벌은 되돌릴 수 없다.

직접 눈으로 확인한 것만 믿어라

(2.24) 대부분의 해악은 쉽사리 믿는 데서 비롯된다. 때로는 남의 말을 귀담아듣지 말아야 한다. 의심을 품느니 차라리 속는 편이 더 나은 경우가 있기 때문이다. 우리를 대단히 잘못된 길로 이끌 수 있는 의심과 추론을 마음에서 쫓아내야 한다. "이 사람은 건성으로 인사했어. 저 사람은 내가 껴안을 때 멈칫대지 않았어. 저 사람은 내가 말을 꺼냈을 때 내 말을 끊지 않았어. 저 사람은 평소보다 더 자주 나를 보면 얼굴을 돌린 것 같았어." 이런 의심을 뒷받침할 논리적 근거는 얼마든지 찾을 수 있다. 하지만 직접 자기 눈으로 분명하게 볼 수 있는 것만을 믿어야 한다. 그리고 의심이 공연한 것이었음이 밝혀질 때마다 쉽사리 믿는 우리의 태도를 자책해야 한다. 그렇게 하다 보면 쉽게 믿지 않는 습관이 뿌리를 내리게 될 것이다.

몸과 마음이 피폐할 때 쉽게 분노한다

(2.25) 결론적으로 말해 아주 사소하고 하찮은 일에 짜증을 내서는 안 된다. 노예의 행동이 재빠르지 못하다거나 마시려는 물이 너무 뜨겁다거나 침대가 어질러져 있다거나 식사를 성의 없이 차렸다거나 하는 등의 이유로 화를 내는 것은 어리석은 짓이다. 몸이 아프거나 체질이 약한 사람들이나 부드러운 미풍에도 몸을 떠는 법이다. 눈에 문제가 있는 사람들이나 밝은 색깔의 옷을 보고 불편해한다. 사치에 절어 몸이 쇠약해진 사람들이나 익숙하지 않은 일을 하고 난 뒤에 옆구리가 쑤신다.

시바리스의 시민인 민디리데스라는 사람은 도랑을 파느라 삽질을 하고 곡괭이를 힘껏 휘두르는 사람에게 보기만 해도 힘이 드니 자기가 보는 데서는 그 일을 하지 말라고 했다고 한다. 그는 장미 꽃잎이 깔린

침상에서 잤더니 몸이 안 좋다고 불평하기도 했다고 한다. 방종으로 몸과 마음이 피폐해지면, 모든 것이 다 견디기 힘들어지는 법이다. 해야 하는 일이 힘들어서가 아니라 그 일을 하는 사람이 허약하기 때문이다.

어떤 사람이 기침이나 재채기를 한다거나, 파리를 제대로 쫓아내지 못한다거나, 개가 자꾸 거치적거린다거나, 조심성 없는 노예가 열쇠를 떨어뜨린다거나 해서 열화같이 화를 낼 이유가 도대체 무엇인가? 의자가 마룻바닥에 끌릴 때 나는 소리를 참지 못하는 사람이 자기가 사는 도시를 비난하는 말이나 원로원이나 법정에서 자신에게 쏟아지는 악담을 침착하게 견딜 수 있을까? 눈을 녹여 제대로 섞지 못한다고 노예에게 화를 내는 사람이 배고픔이나 여름철 여행에서의 갈증을 참을 수 있을까?[18]

억제가 안 되고 절제를 모르는 사치만큼 분노에 자양분이 되는 것은 없다. 마음은 웬만한 타격에는 꿈쩍도 하지 않을 수 있도록 강하게 단련되어야 한다.

화를 낼 가치가 있는지를 따져보라

(2.26) 우리는 자신에게 해를 입힐 수 없는 것들 또는 해를 입힐 수 있는 것들 때문에 화를 낸다. 글자가 너무 작아서 집어던져 버리는 책이나 틀린 내용이 많아서 찢어버리는 책, 혹은 마음에 들지 않아 찢어버리는 옷처럼 감각 능력이 없는 것들이 전자의 범주에 속한다. 화를 낼 만한 가치도 없고 우리가 화났다는 것을 느낄 수도 없는 것들을 향해 화를 낸다면, 이 얼마나 어리석은 일이겠는가!

"아니, 우리는 당연히 그것들이 아니라 그것들을 만든 사람들에게 화를 내는 것이다."

첫째, 흔히 우리는 이런 구별을 하기에 앞서 화부터 낸다. 둘째, 아마 그것을 만든 장인들은 누구도 자신이 만든 것보다 더 잘 만들 수는 없었을 것이라거나 당신한테 악의가 있어서 기술을 배울 때 훈련을 적게 받았던 것은 아니었다는 등 나름대로 합리적인 변명을 내놓을 것이다. 어떤 장인은 너를 화나게 하기 위해서가 아니라 다른 이유로 그것을 그렇게 만들었을 수도 있다.

마지막으로, 사람들한테 쌓인 울화를 물건에다 푸는 것보다 더 미친 짓이 어디 있겠는가? 살아 있지 않은 대상에게 화를 내는 것은 미친 사람들이나 하는 짓이다. 우리한테 아무런 몹쓸 짓도 하지 않는 말 못하는 짐승들에게 화를 내는 것이 미친 짓이듯 말이다 (짐승들은 애초에 저런 욕구를 가질 수 없다. 그러니 애초에 몹쓸 짓을 의도할 수 없고 따라서 저들이 한 일은 결코 몹쓸 짓이 될 수 없다).

죄 없는 사람은 없다

(2.28) 모든 일에서 공정한 심판관이 되고 싶다면, 먼저 우리 가운데 죄 없는 자는 아무도 없다는 것부터 믿어야 한다. 가장 큰 분노는 "나는 아무 잘못도 하지 않았어"와 "나는 아무 짓도 하지 않았어"라는 생각에서 나오기 때문이다. 그런 생각을 하는 사람은 그저 어떤 것도 **인정**하지 않는 사람일 뿐이다. 우리는 경고나 처벌을 받으면 화를 내는데, 이는 잘못된 행위에다 오만함과 뻔뻔함까지 더하는 잘못을 저지르는 것이다.

어떤 법 앞에서든 자신은 죄가 없다고 공언할 수 있는 사람이 누가 있겠는가? 설혹 그럴 수 있다고 해도, 죄가 없다는 것이 고작 법적으로 문제가 없다는 것을 의미할 뿐이라면 그것은 정말로 협소하기 짝이 없는 정의 아니겠는가! 의무의 척도는 법의 척도를 홀쩍 뛰어넘는 데까지 미치는 것이 아닌가! 신심, 인정, 관대, 정의, 헌신 등처럼 공적 행위를 다룬 법전에는 없지만 우리에게 필요한 것들이 얼마나 많은가!

그러나 우리는 이처럼 협소한 의미의 죄 없음[19]조차도 지키지 못한다. 우리는 잘못을 행하기도 하고, 잘못된 일을 계획하기도 하고, 잘못된 일을 바라기도 하고, 잘못된 일을 하도록 누군가를 부추기기도 한다. 우리가 죄가 없는 이유가 단지 일이 계획대로 되지 않았기 때문인 경우도 있다. 이런 점을 생각하면, 죄를 저지른 자들에게 좀 더 공정해질 필요가 있다. 또한 우리를 비난하는 사람들의 말을 믿을 필요도 있다. 그리고 좋은 사람들에게 화내지 말아야 한다. 좋은 사람들에게까지 화를 낸다면 우리의 화를 **피할 수 있는** 사람이 누가 있겠는가? (⋯)

네가 자신에 대한 험담을 하더라고 말하는 사람이 있다고 하자. 그럴 경우에는 네가 먼저 빌미를 제공한 것은 아닌지, 네가 **실제로** 얼마나 많은 사람들에 대해 이야기하는지부터 생각해봐야 한다. 이렇게 생각해보면 어떨까? 그들은 우리를 부당하게 대하는 것이 아니라 받은 것을 돌려주고 있을 뿐이라고, 혹은 우리를 위해 그렇게 행동하는 것이라고, 혹은 어쩔 수 없이 그렇게 행동하는 것이라고, 혹은 자신이 무엇을 하고 있는지 모른다고, 혹은 알고서 행동한다고 해도 해를 입히려는 목적이 있는 것은 아니라고. 아마 어떤 사람은 듣기 좋은 말로 우리를 기쁘게 하려다 실수를 했을 수도 있고, 적대시한 것이 아니라 우리를 막지 않으면 자기 목적을 달성할 수 없어서 그런 행동을 했을 수도 있다.[20] 듣기 좋은 말은 달콤하지만 때로는 사람들의 기분을 상하게도 한다.

터무니없이 의심을 사게 되는 경우가 얼마나 많은가, 의무를 다했는데도 마치 잘못한 것처럼 되는 일이 얼마나 많은가, 미워하다가 사랑하게 되는 사람들이 얼마나 많은가. 이런 것들을 생각해낼 수 있는 사람들은 누군가에게 오해를 살 때마다 "그래, 나도 그런 적이 있지"라고 마음속으로 생각하면 분노를 향한 돌진을 피할 수 있다.

하지만 그토록 공정한 심판관을 어디에서 찾을 수 있을까? 어떤 자는 유부녀만 보면 정욕에 사로잡혀 남의 아내라는 사실만으로도 그녀를 사랑할 이유가 충분하다고 생각하면서 자기 아내는 남이 쳐다보는 것조차 싫어한다. 어떤 자는 자기를 믿어달라고 절박하게 매달리지만, 정작 그 자신이 믿을 수 없는 자다. 어떤 자는 거짓말에 대해 심하게 질책하면서 정작 자신은 위증을 한다. 어떤 자는 허위 고발을 일삼으면서 정작 자신이 고소를 당하면 불같이 화를 낸다. 어떤 주인은 노예의 순결이 짓밟히는 것을 원치 않으면서 자기 소유의 노예 처녀는 가만히 내버려 두지 않는다. 우리는 남들의 흠은 눈앞에 두고 자신의 흠에는 등을 돌린다. 아들보다 더 못된 아버지가 과하지도 않은 아들의 연회를 비난한다. 자신의 사치는 조금도 마다하지 않는 자가 다른 사람의 사치는 추호도 용서하지 않는다. 폭군이 살인자에게 화를 낸다. 신전을 약탈한 자가 좀도둑을 벌한다.

대부분의 사람들은 악행 자체가 아니라 악행을 저지른 사람에 대해서 분노한다. 자신을 돌아보면서 다음과 같이 자문한다면, 우리는 좀 더 절제할 수 있을 것이다. "우리도 저런 일을 한 적이 있지는 않았나? 우리도 저들처럼 길을 잘못 든 적이 있지 않았나? 저런 행위를 비난하는 것이 과연 우리에게 득이 될까?"

분노에 시간을 주어라

(2.29) 분노에 대한 최고의 치료법은 분노를 지연하는 것이다. 처음부터 너의 분노에 부탁하라. 용서하기 위해서가 아니라 판단하기 위해 잠시 시간을 달라고. 분노의 감정은 처음에는 거칠지만, 시간을 두고 기다리면 누그러진다. 그러니 분노의 감정을 단번에 없애려고 애쓰지 마라. 조금씩 나누어 제거하다 보면 완전히 없어질 것이다.

우리의 기분을 상하게 하는 것 중에는 다른 사람을 통해 알게 되는 것도 있고 직접 보고 들은 것도 있다. 첫째, 다른 사람을 통해 알게 되는 것은 너무 성급히 믿어서는 안 된다. 많은 사람들이 상대를 속이려고 거짓말을 한다. 그리고 많은 사람들이 거짓말을 하는 것은 자신들도 속임을 당하기 때문이다. (…)

만일 네가 얼마 안 되는 돈을 두고 벌어진 사건의

판결을 내려야 하는 판사라고 하자. 그렇다면 증인이 있어야 할 것이고, 엄숙한 선서에 따르지 않은 증언은 고려되지 않을 것이고, 너는 피고와 원고 양측 모두에게 변호할 기회를 줄 것이다. 너는 서두르지 않을 것이고 한 번 듣고 결정을 내리지 않을 것이다. 진실은 더 많이 공을 들일수록 더 반짝이는 법이기 때문이다.[21]

그가 만일 네 친구라면 앞뒤 가리지도 않고 그에게 유죄를 선고하겠는가? 말을 끝까지 들어보지도 않고, 물어보지도 않고, 그가 자기를 고발한 자나 자기가 지었다는 죄를 알아볼 기회도 주지 않고 화부터 내겠는가? 양측의 주장을 모두 충분히 듣기는 했는가?

분노의 대상을 정확히 파악하라

(2.30) 둘째, 직접 보고 들은 경우라면 우리의 기분을 상하게 하는 대상의 특성과 의도를 살펴보아야 한다.

그것이 너의 아이인가? 그렇다면 나이 때문이라고 생각하라. 아이는 자기가 한 일이 나쁜 일이라는 것을 모른다. 그것이 너의 아버지인가? 그는 그리 해도 될 만큼 그동안 네게 아주 많은 것을 베풀었을 수도 있고 너를 화나게 한 바로 그 행위가 그의 단점이자 동시에 장점일 수도 있다. 그것이 여자인가? 여자는 실수를 하게 마련이다.[22] 그것이 명령받은 일이었는가? 공정한 사람이라면 누가 거기에 대해 화를 낼 수 있겠는가? 그것이 전에 너에게 피해를 당한 적이 있는 사람인가? 그렇다면 네가 그런 일을 당하는 것은 부당하지 않다. 그것이 재판관인가? 그렇다면 너의 의견보다는 그의 의견을 믿는 것이 낫다. 그것이 왕인가? 그렇다면 네게 죄가 있어 그가 너를 벌하는 것이면 정의를 따르고, 네게 죄가 없다면 운명에 맡겨라.[23] 그것이 짐승이거나 짐승과 진배없는 존재인가? 그렇다면 네가 화를 내는 것은 그와 다를 바 없이 행동하는 것에 불과하다. 그것이 병이나 재앙인가? 그렇다면 참아라. 조금은 덜 힘들게 지나갈 수 있을 것이다. 그것이 신인가? 신에게 화를 내는 것은 신에게 누구를 벌해 달라고 기도하는 것과 마찬가지로 공연히 헛심만 쓰는 것이다. 너의 기분을 상하게 한 사람이 좋은 사람인가? 그렇다면 그 사람에게 나쁜 의도가 있었을 것이라고 생각하지 마라. 너의 기분을 상하게 한 사람이 나쁜 사람인가? 그렇다면 놀랄 것 없다. 그는 네게 치러야 할 대가를 언젠가 다른 사람에게 치르게 될 것이고,[24] 이미 나쁜 짓을 한 것만으로도 자신을 벌주고 있는 것이다.[25]

무지와 오만이 섣부른 화를 부른다

(2.31) 이미 말했듯이 분노를 불러일으키는 원인에는 두 가지가 있다. 하나는 해를 입은 것 같다는 생각이다(이에 대해서는 이미 다루었다). 다른 하나는 부당하게 해를 입은 것 같다는 생각이다. 이제 이 두 번째 원인에 대해 이야기할 차례다.

사람들은 겪어서는 안 될 일을 겪거나 예상치 못한 일을 겪었을 때 그 일을 부당하다고 여긴다. 예상하지 못한 일을 당하면 부당하다고 생각하기 때문에 우리는 바람이나 기대에 어긋난 일이 발생하면 불안해한다(마음의 평정을 잃는다). 우리가 가정 내의 아주 사소한 문제를 가지고 화를 내거나 친구가 부주의로 저지른 실수를 '잘못'이라고 부르는 것은 그 때문이다.

누군가는 반문할 것이다. "그렇다면 적들에게 당한 피해에 괴로워하는 이유는 무엇인가?" 그 역시 피해가 있을 것이라고 예상하지 못했거나 최소한 그 정도로 피해가 있을 것이라고 예상하지 못했기 때문이다. 자기애가 너무 커서 적에게조차 해를 입어서는 안 된다고 생각하는 것이다. 각자의 내면에는 왕의 정신이 존재한다. 완전한 자유가 자신에게 쥐어지기를 바라지, 반대하는 자들에게 쥐어지기를 바라지 않는다.

우리를 쉽사리 화나게 만드는 것은 우리의 무지나 오만이다. 나쁜 인간들이 나쁜 행위를 하는 것이 뭐 그리 놀랄 일이겠는가? 친구는 고작 기분을 상하게 할 뿐인데 적은 우리에게 상처를 입히고, 아들은 고작 실수를 할 뿐인데 노예는 죄를 범하는 것이 뭐 그리 이상한 일이겠는가?

파비우스Quintus Fabius Maximus[26]는 지휘관으로서 가장 부끄러운 변명은 "그런 일이 일어나리라고는 생각도 못했다"라는 말이라고 했다. 이 말은 누구에게나 해당하는 가장 부끄러운 변명이라고 생각한다. 어떤 일이든 일어날 수 있다고 생각해야 한다. 모든 일을 예상해야 한다.

좋은 인성을 가진 사람들에게도 상당히 불미스러운 뭔가가 있다. 배신하고 고마워할 줄 모르고 탐욕스럽고 악한 생각을 하는 것은 인간 본성의 일부이기 때문이다. 그러니 어떤 사람의 인성을 평가할 때는 모든 사람의 인성을 함께 고려해야 한다. 최고의 기쁨이 있는 곳에 최고의 두려움이 있다. 모든 것이 평온해 보일 때에도 위험은 단지 활동을 하지 않고 있을 뿐 여전히 존재한다. 너의 감정을 상하게 하는 일이 일어날 것이라고 늘 생각해야 한다.[27] 조타수는 안전할 때조차 다시 내릴 때를 대비해 돛을 다 펴지 않는다.

무엇보다 이 점을 생각하라. 해를 입힐 힘은 악의와 혐오로 가득 차 있으며 인간에게는 대단히 어울리지 않는다. 인간의 친절함은 사나운 짐승도 길들인다. 멍에에 목을 내주는 코끼리를 보라. 소년들과 여성들이 제 등에서 공중제비를 해도 가만히 있는 황소를 보라.[28] 아무런 해도 끼치지 않으면서 술잔들 사이로, 옷의 주름을 타고 미끄러져 나아가는 뱀을 보라. 코나 주둥이를 쓰다듬어도 얌전히 있는 곰과 사자, 주인에게 아양을 떠는 맹수들을 보라. 이럴진대 그런 짐승들과 인간의 본성을 맞바꾼다는 것은 정말로 부끄러운 일이 아니겠는가!

자기 나라를 해롭게 하는 것은 결과적으로 시민에게까지 해를 끼치는 지극히 무도한 짓이다. 시민은 나라의 일부이기 때문이다. 만일 전체가 숭배할 만한 가치가 있다면, 그 일부도 신성하다. 그런 점에서 어떤 사람에게 해를 입히는 것은 죄악이다. 그 사람은 네가 속해 있는 큰 '도시'의 시민이기 때문이다. 만일 손이 발을 해치려 하거나 눈이 손을 해치려 한다면 어떻게 되겠는가? 팔과 다리가 조화를 이루며 움직이는 것은 부분을 지키는 것이 전체에 이익이 되기 때문이다. 마찬가지로 인간들이 개개인을 해치는 것을 삼가는 것은 개인들이 하나의 공동체라는 전체를 위해 창조되었기 때문이다. 구성원들에 대한 돌봄과 사랑 없이 사회는 유지될 수 없다.

독사든 늪살모사든 물거나 쳐서 우리를 공격하는 어떤 동물이든 간에, 길들일 수 있거나 우리나 남들에게 위협이 되지 않게 만들 수만 있다면 완전히 없애려 들지는 않는다. 마찬가지로 우리가 어떤 사람에게 벌을 주고자 하는 것은 그가 잘못된 행동을 **했기** 때문이 아니라 앞으로 잘못된 행동을 **하지 않도록** 하기 위해서다. 과거가 아니라 미래에 초점을 맞추어야 하는 이유는 벌은 분노가 아니라 우려에서 행해져야 하기 때문이다. 잘못을 행할 수 있는 본성을 타고났다는 이유로 벌을 주어야 한다면, 벌 받지 않을 사람은 아무도 없다.

무시야말로 가장 모욕적인 복수다

(2.32) 누군가는 말한다. "그러나 분노에는 어느 정도의 쾌락이 따르며, 고통을 고통으로 갚아주는 것은 달콤하다." 결코 그렇지 않다. 은혜를 은혜로 갚는 것은 옳지만, 잘못을 잘못으로 갚아주는 것은 옳지 않다.[29] 전자의 경우에는 지는 것이 부끄러운 일이지만, 후자의 경우에는 이기는 것이 부끄러운 일이다.

'복수'는, 비록 그것이 정의로운 것으로 여겨진다고 해도 인간에게는 어울리지 않는 단어다. (…) 공중목욕탕에서 실수로 마르쿠스 카토Marcus Cato[30]와 부딪힌 사람이 있었다(카토에게 일부러 그럴 수 있는 사람이 누가 있었겠는가?). 그가 사과하자, 카토는 말했다. "나는 부딪힌 기억이 없소." 그는 보복을 하기보다는 그 일을 의식하지 않는 편이 낫다고 생각했다. "그렇게 무례한 행동을 하고도 아무런 후환도 없었다고?" 그렇다.

오히려 아주 **좋은** 일이 일어났다. 그는 카토와 알고 지내게 되었다!

자신이 받은 피해에 아랑곳 하지 않는 것은 위대한 정신의 징표다. 상대를 복수할 가치도 없는 존재로 보는 것이야말로 상대에 대한 가장 모욕적인 복수다. 많은 이들이 복수를 함으로써 대수롭지 않은 일을 심각한 일로 만들어버린다. 이와 달리 위대하고 고귀한 사람은 작은 사냥개들이 요란하게 짖어대도 커다란 맹수처럼 아랑곳하지 않는다.

악행에 복수하는 가장 현명한 방법

(2.33) "하지만 피해를 입었을 때 복수를 하면 무시를 덜 당하게 될 것이다."

그런 목표에 도달하되, 복수를 기분 좋은 것이 아니라 필요한 것으로 보고 분노 없이 목표에 도달하자. 더군다나 때로는 받은 피해를 되돌려주는 것보다는 피해를 받지 않은 척하는 편이 낫다. 이를테면 힘 있는 자들의 악행은 참고 견디는 정도가 아니라 웃는 얼굴로 받아들여야 한다. 왜냐하면 일단 악행이 목적한 바를 달성했다는 생각이 들면, 그들은 또 다른 악행을 저지를 것이기 때문이다.

엄청난 행운으로 점차 오만해진 자들은 자신에게 피해를 당한 사람들을 혐오하기까지 하는 최악의 모습을 보인다. 노령에 이를 때까지 여러 왕을 모신 사람이 한 유명한 말이 있다. 누군가가 그에게 그 나이까지 궁에 있는 것은 매우 드문 일인데 어떻게 그럴 수 있었냐고 묻자, 그는 이렇게 말했다. "부당한 일을 당해도 가만히 받아들이고 감사하다고 말했기 때문입니다."

악행에 복수하기보다는 악행이 벌어졌다는 사실조차 인정하지 않는 것이 이로운 경우가 종종 있다. 칼리굴라는 로마의 유명한 기사인 파스토르Pastor의 아들을 감금했다. 그 젊은이의 빼어난 외모와 잘 손질된 머리에 기분이 상했기 때문이었다.[31] 파스토르가 자신을 봐서 아들을 살려달라고 하자, 칼리굴라는 파스토르의 간청이 사형을 암시하기라도 한 듯이 몰고가서는 파스토르의 아들을 끌고 와 즉석에서 처형하도록 명령했다. 그리고는 그 아버지에 대해서는 잔혹하게 굴 생각이 **털끝만큼도 없다**는 것을 과시하기 위해 그날 만찬에 파스토르를 초대했다.

그런데 만찬에 참석한 파스토르의 얼굴에서는 안 좋은 기색을 조금도 찾아볼 수 없었다. 황제는 그에

71

게 술 한 통을 하사한 뒤 감시를 붙였다. 파스토르는 참담하기 이를 데 없었지만 온 힘을 다해 버티면서 술을 마셨다. 마치 아들의 피를 마시는 것 같았다. 칼리굴라는 다시 그에게 향유와 화관을 하사한 뒤 감시원에게 그가 하사받은 것들을 사용하는지 지켜보게 했다. 파스토르는 향유를 바르고 화관을 썼다.

아들을 무덤에 누인(아니, 사실은 아들을 무덤에 누일 수조차 **없었던**) 그날, 파스토르는 백 명의 참석자들 사이에 몸을 기댄 채 떠들썩하게 놀았다. 통풍에 시달리는 노인이 자식들의 생일에도 마시지 않았을 만큼 많은 술을 들이켰다. 그러는 동안, 그는 눈물 한 방울 흘리지 않았고 털끝만큼도 슬픈 기색을 보이지 않았다. 그는 마치 아들을 살려달라는 간청이 받아들여져 축하라도 하는 듯이 만찬을 즐겼다. 왜 그랬냐고? 그에게는 **또 한 명의** 아들이 있었다. (…)

만일 그 아버지가 단지 겁을 먹었던 것뿐이라면, 나는 그 아버지를 경멸했을 것이다. 하지만 실상은 그의 의무감이 분노를 억눌렀던 것이다. 그는 자리를 떠나 아들의 시신을 수습하도록 허락받을 자격이 충분한 사람이었으나, 저 '관대하고 친절한 젊은이'[32]는 이마저도 허용하지 않았다. 그는 근심 걱정을 모두 내려놓으라면서 연거푸 건배를 제의해 파스토르를 도발했다. 그러나 파스토르는 그날 있었던 일을 모두 잊기라도 한 듯 즐거운 모습을 보였다. 만일 그가 만찬 자리에서 그 도살자의 기분을 상하게 했다면, 하나 남은 아들마저 불귀의 객이 되었을 것이다.

먼저 물러서는 자가 더 나은 자다

(2.34) 그러니 상대가 우리와 대등하건 우리보다 잘 나거나 못났건 간에 우리는 분노를 억제해야 한다. 대등한 자와 싸우는 것은 위험한 일이다. 잘난 사람과 싸우는 것은 미친 짓이다. 못난 사람과 싸우는 것은 비열한 짓이다. 자신을 문 사람을 똑같이 물어뜯는 것은 비겁하고 천박한 자나 하는 짓이다. 쥐나 개미는 네가 손을 들어올리기만 해도 바짝 긴장한다. 약한 것들은 누가 건드리기만 해도 자기에게 해를 입히려는 것으로 생각한다.

화나게 한 상대가 과거에 준 도움을 생각하면, 화가 조금 누그러질 것이다. 그가 쌓은 공덕이 그의 잘못의 무게를 줄여줄 것이다. 관대하다는 평판으로 얼마나 칭송을 받게 될지, 친절을 행함으로써 소중한 친구들을 얼마나 많이 갖게 될지도 생각해보라. 그리고 적들의 자식들에게까지 분노를 돌리지 않도록 하자. 술라^Sulla는 자신이 추방한 자들의 자식들을 로마의 시민 명부에서 삭제했다. 이는 그의 잔혹함을 보여주는 사례 중 하나다.[33] 아버지에게 향했던 증오를 자식이 물려받는 것만큼 불공정한 일은 없다.

용서하기 힘들다는 생각이 들 때는 모두가 서로 용서하지 않는 것이 이익이 될지를 생각해보자. 자비를 베풀기를 거부한 사람이 나중에 자비를 구하게 되는 일이 얼마나 많은가? 전에 문전박대했던 사람의 발밑에 엎드리게 되는 일이 얼마나 많은가? 분노를 우정으로 바꾸는 것보다 더 멋진 일이 무엇이 있겠는가? 한때 가장 강력한 적으로 생각했던 자들만큼 로마인들이 믿을 만한 동맹이 누가 있겠는가? 정복된 자들을 정복한 자들과 하나로 융합하는 선견지명이 없었더라면, 오늘날 우리의 제국이 존재할 수 있었을까?[34]

누군가 화를 내면, 친절함으로 대응하라. 한쪽이

물러서면, 싸움은 끝난다. 상대가 없으니 싸움도 없다. 싸움은 양측 모두에서 분노의 불길이 타오를 때 일어난다. 먼저 물러서는 자가 더 나은 자다. 패배한 자가 '승자'다. 누군가가 너를 치면, 물러서라. 그에 맞서 폭력을 휘두르는 것은 더 잦은 폭력의 기회와 구실이 될 뿐이고, 나중에 거기서 빠져나오고 싶을 때 빠져나올 수 없게 된다.

분노의 얼굴만큼 추한 것은 없다

(2.35) 자기 손이 상처에 박혀 빠지지 않을 정도로 적을 때릴 사람은 아무도 없다. 그런데 분노가 바로 이런 무기다. 분노는 거둬들이기 어렵기 때문이다. 우리는 무기를 고를 때 자신에게 잘 맞는 것을 고른다. 이를테면 크기가 적당하고 잡기 편한 검을 고른다.

그렇다면 무겁고 부담스러우며 되돌릴 수 없는 정신적 충동도 피해야 하지 않겠는가? 명령이 떨어지는 즉시 멈추고 우리가 정한 한계선 너머로 치닫지 않고 설사 길을 잘못 들어도 정상 궤도로 돌아오기만 한다면, 충동의 힘은 우리에게 쾌락을 준다. 그런데 우리의 근육이 의지와 상관없이 움직이면 근육에 문제가 있는 것이다. 마음은 걷고자 하는데 다리가 제멋대로 움직이는 노인은 몸이 건강하지 못한 것이다. 마음도 마음 자체의 의지가 아니라 **우리의** 의지에 따라 움직일 때 가장 건강하고 가장 강하다.

먼저 분노의 추한 얼굴부터 살펴보고 난 후 분노의 위험성을 살펴보는 것이 좋다. 감정이 만들어낸 얼굴 가운데 분노의 얼굴만큼 이상한 것은 없다. 분노는 가장 사랑스러운 얼굴도 추하게 만들고 가장 평온한 표정도 일그러뜨린다. 예의범절은 분노한 자에게서 떠나간다. 그들은 품위 있게 차려입은 옷도 찢어버리고 남들 눈에 자기 모습이 어떻게 보일지 조금도 신경 쓰지 않는다. 머리 모양이 원래 멋지든 꾸며서 멋진 것이든 간에, 머리카락도 그들의 마음처럼 곤두선다. 혈관은 부풀어 오르고, 가슴은 가쁜 호흡과 함께 요동치고, 격렬한 고함을 지르는 통에 목은 빠질 듯이 늘어나고, 팔다리는 떨리고, 손은 이리저리 정신없이 움직이고, 전신이 요동친다.

겉으로 보이는 것만 해도 이렇게 섬뜩한데, 내면의 정신은 어떻겠는가? (…) 그것은 피칠갑을 한 모습으로 맹수나 적들을 살육하거나 그것들을 죽이러 길을 나서는 사람들, 시인들이 상상하듯이 거대한 뱀들을 몸에 두른 채 불을 내뿜는 하계의 괴물들, 하계에서 나와 전쟁을 불러일으키고 이곳저곳에서 민족들 간에 불화를 키우고 평화를 파괴하는 악독하기 그지없는 여신들[35]과 같다.

분노의 적나라한 모습은 어떨까? 분노의 눈은 이글이글 불탄다. 분노는 식식대고 고통으로 신음하고 울부짖고 새된 소리를 지르며 참을 수 없을 만큼 끔찍한 소리를 낸다. 분노는 자기 자신을 공격해 생긴 상처와 멍투성이의 몸을 한 채 피를 흘리면서 일그러진 얼굴로 양손에 창을 들고 휘두르며(자신을 보호해줄 방패 따위는 신경도 쓰지 않고), 모든 것과 특히 자신에 대한 증오에 짓눌려 자욱한 먼지 구름 속을 미친 듯이 활보하면서 공격하고 파괴하고 약탈한다. 달리 해를 입힐 길이 없다면, 차라리 땅과 바다와 하늘의 파멸을 원한다. 분노는 혐오와 멸시의 대상이면서 자신에게도 유해하다.

너만 괜찮다면, 시인들의 말을 빌려 분노를 묘사해 볼까 한다. "전쟁의 여신은 오른손으로 피 묻은 채찍을 휘두른다." "불화는 갈기갈기 찢어진 망토를 걸친 채 기뻐한다."[36] 이 이상으로 끔찍한 묘사라고 해도, 이 끔찍한 감정의 끔찍한 모습을 떠올리게 할 수 있는 것이라면 무엇이든.

분노보다 더 빨리 광기에 이르는 길은 없다

(2.36) 섹스티우스Sextius37의 말처럼, 화난 사람들은 거울을 들여다보는 것으로 도움을 받곤 했다. 그들은 알아볼 수 없을 만큼 달라진 거울 속 자신의 모습에 충격을 받았지만, 사실 거울은 진짜 추한 모습 가운데 극히 일부만을 보여준 것이 아니던가!

만일 화난 마음을 눈에 보이는 형태로 표현할 수 있다면, 그것을 본 사람들은 시커멓고 얼룩덜룩하며 요동치고 비비 꼬여 부어오른 모습에 경악할 것이다. 뼈와 살 그리고 그밖에 많은 것들을 겨우 비집고 새어나오는데도 이토록 추악하기 그지없는데, 만일 가리고 있는 것들이 없다면 화난 마음의 모습이 과연 어떠하겠는가?

거울에 비친 자기 모습을 보고 분노에서 벗어날 수 있다는 사실이 믿기지 않을 수도 있다. 하지만 그럴 수 있다. 자신을 바꾸기 위해 거울에 자기 모습을 비춰보는 사람은 그것만으로 이미 바뀐 것이기에. (…)

거울을 들여다보는 것보다 더 중요한 것은 분노가 얼마나 많은 사람에게 해를 입혔는지를 생각해보는 것이다. 과도한 분노는 많은 이들의 혈관을 파열시켰고, 목이 터질 듯한 외침은 피를 토하게 했고, 쏟아지는 눈물은 시야를 흐릿하게 만들었으며, 고통을 견디다 못해 병으로 몸져눕게 했다. 분노보다 더 빨리 광기에 이르는 길은 없다. 많은 이들이 분노의 폭발을 거듭하다가 놓아버린 정신을 끝내 되찾지 못했다. 극도의 광란은 아이아스Ajax를 죽음으로 몰고갔는데, 그를 광란으로 몰고간 것은 다름 아닌 분노였다.[38]

많은 이들이 자식에게 죽음을, 자기 자신에게 가난을, 식구들에게 파멸을 내려달라고 신께 빌면서도 미친 자들이 자신이 미쳤다는 것을 인정하지 않듯이 자신들이 화가 났음을 인정하지 않는다. 그들은 가장 가까운 친구들에게 적이 되고 가장 가깝고 소중한 사람들에게 기피 인물이 된다. 그들은 남에게 해를 가하는 데 필요한 법이 아니면 어떠한 법도 상관하지 않으며, 별 것 아닌 일에도 펄쩍 뛰고, 대화나 친절한 태도로도 다가가기 어렵다. 그들은 모든 것을 힘으로 해결하려 하고, 남을 해치든 자신이 당하든 간에 언제든 검을 휘두를 준비가 되어 있다.

그 이유는 그들이 다른 모든 악을 능가하는 최고의 악의 포로가 되었기 때문이다. 다른 악들은 서서히 조금씩 잠입하지만, 분노라는 악은 불시에 총공세를 펴며 돌진한다. 그것은 다른 모든 감정을 굴복시켜야 끝난다. 그것은 가장 열렬한 사랑도 이겨낸다. 격분한 자는 사랑했던 이의 몸을 찌르고는 그 죽은 이의 품 안에 쓰러진다. 가장 질기고 완강한 악인 탐욕조차도 분노의 발길에 짓밟힌다. 분노는 탐욕으로 쌓은 부를 날리게 만들고 집과 모아놓은 재산을 불사르게 한다. 또한 야심에 불타던 자들이 애지중지하던 직위의 증표를 내동댕이치고 자신들에게 주어졌던 명예를 차

버리지 않던가? 분노가 이기지 못할 감정은 없다.

---

* 세네카는 다음에 이어질 3권에서 분노를 다루는 법에 관한 더 실천적인 조언을 한다. 그는 '화내지 않는' 법, '화가 났을 때 화를 멈추는' 법, '다른 사람들의 화를 치료하는' 법에 대해 이야기한다. 하지만 그에 앞서 분노가 얼마나 파괴적인 힘인지를 다시 상기시킨다.

분노에 대하여 III

폭발 직전의 분노를 다스리는 법

분노는 마음을 내던져 곤두박질치게 한다

(3.1) 노바투스여, 이제 네가 가장 원했던 것, 즉 마음에서 분노를 제거하거나 최소한 분노가 갑자기 폭발하지 않게 억제하는 방법에 대해 이야기하겠다.

분노라는 질병의 힘이 비교적 약할 때는 상대에게 감추지 말고 당당히 조치를 취해야 하고, 이 질병의 불길이 너무 뜨거워 어떤 장애물이든 그것을 더욱 키우고 사납게 만들기만 할 경우에는 상대가 모르게 은밀히 조치해야 한다. 불길이 해결책까지 휩쓸어갈 정도로 거셀 경우에는, 불길이 언제 붙은 것이고 얼마나 센지에 따라 당장 불길을 진압해 격퇴해야 할지 아니면 불길의 폭풍이 지나갈 때까지 기다리는 것이 좋을지가 결정된다.

분노에 대처하기 위한 계획은 각 개인의 특성에 맞춰 세워야 한다. 어떤 사람에게는 간청이 통하지만,

어떤 사람은 자신을 낮추는 겸손한 사람을 조롱하고 모욕하며, 어떤 사람은 겁을 주면 잠잠해진다. 어떤 사람은 질책을 받으면, 어떤 사람은 고백을 들으면, 어떤 사람은 수치심이 들게 하면 분노가 진정된다. 그리고 맹렬한 속도로 돌진하는 악에 대한 치료법으로는 지연delay이 있는데, 이는 최후의 수단으로만 써야 한다.

다른 감정들은 뒤로 미루고 서서히 돌볼 수도 있지만, 분노는 일단 자극을 받아 발동이 걸리면 조금씩 전진하는 법 없이 전속력으로 폭주한다. 분노가 마음을 움직이는 방식은 다른 악덕들과 다르다. 그것은 마음을 질질 끌고 가고, 마음에게서 자제력을 빼앗고, 마음이 모두에게 고통을 주는 해악을 갈구하도록 몰아가고, 겨냥한 목표물뿐만 아니라 자신의 길에 방해가 되는 모든 것을 공격한다. 다른 악덕들은 마음을 움직이게 하지만, 분노는 마음을 내던져 곤두박질치게 한다. 다른 감정들에 저항하는 것 또한 불가능할 수 있지만, 그런 감정들은 언젠가는 멈춘다. 하지만 분노라는 감정은 벼락이나 폭풍 또는 추락하기 때문에 이전 상태로 돌아갈 수 없는 그밖의 다른 것들처럼 갈수록 힘이 강해진다. 다른 악덕들은 이성에서 벗어난 것이지만, 분노는 온전한 정신에서 벗어난 것이다. 다른 악덕들은 서서히 잠입해 우리도 모르게 커지지만, 우리의 마음은 단숨에 분노로 **도약한다.**

분노는 때때로 사회 전체를 사로잡는다

(3.2) 분노는 나이도 인종도 가리지 않는다. 어떤 민족은 빈곤의 은총 덕분에 사치를 모른다. 어떤 민족은 늘 이동하는 유목 생활을 하기 때문에 게으름을 모른다. 어떤 민족은 거칠고 소박하게 살기 때문에 위조와 사기, 그밖에 광장에서 발생하는 많은 악에 대해 전혀 모른다. 그러나 분노를 모르는 민족은 없다. 그것은 그리스인들에게나 야만인들에게나 똑같이 강력한 위력을 발휘하고, 법을 두려워하는 사람들에게나 강자의 법만을 법으로 여기는 사람들에게나 똑같이 해롭다.

다른 악덕들은 개인을 사로잡지만, 분노는 때때로 사회 전체를 사로잡는다. 일국의 모든 사람이 한 여인을 애타게 사랑한 적도 없고, 한 민족 전체가 돈이나 보물을 얻고자 하는 기대에 한꺼번에 매달린 적도 없다. 야망은 우리를 한 번에 한 명씩 사로잡을 뿐이고, 무모함은 모두가 공유하는 악덕이 아니다. 그러나 사람들이 무리지어 분노의 행진을 하는 일은 흔히 있다. 남자, 여자, 노인, 청년, 귀족, 평민을 가리지 않고 모두가 하나의 감정을 공유한다.

몇 마디 말에 엄청난 수의 사람들이 선동되어 애초에 선동한 사람보다도 더 분노로 끓어넘친다. 그들은 곧장 달려가 무기와 횃불을 들고 이웃나라에 선전포고를 하거나 동료 시민들과 전쟁을 벌인다. 모든 집과 가족들이 불살라지고, 불과 얼마 전까지 뛰어난 연설로 명성이 드높던 사람이 군중의 분노의 표적이 된다. 부대가 자신의 장군에게 창을 겨누고, 평민이 귀족과 싸움을 벌인다. 격분한 원로원은 징집 명령을 내리거나 사령관을 임명하지도 않은 채 행동 대원을 선발해 시의 모든 집을 샅샅이 뒤져 주동자를 체포, 처형한다. 국가 간의 관습에 위배되는 외교 사절에 대한 공격이 벌어지고, 열기를 잠재울 틈도 없이 극도의

광란이 시민들을 휩쓴다. 함대가 즉시 출격하고, 갑판
은 황급히 징집된 병사들로 가득하다. 그들은 분노의
지휘하에 관행도 무시하고 새 점도 치지 않고 아무 것
이나 손에 잡히는 대로 마구 휘두르다가 결국은 엄청
난 유혈 사태라는 눈먼 분노의 대가를 치른다.

분노의 가장 큰 피해자는 누구인가?

(3.4.4) 분노의 첫 번째 피해자가 다름 아닌 자기 자신이라는 것을 알기만 하면, 누구나 분노의 영토로 향하던 발길을 되돌리려 하지 않겠는가?

그렇다면 너는 내가 최고 권력의 자리에서 분노를 휘두르는 사람, 분노를 강함의 증거로 생각하는 사람, 즉각적인 복수를 많은 재산이 안겨주는 많은 혜택의 하나로 생각하는 사람에게 분노의 포로가 된 사람은 강하지도 않고 심지어 자유롭다고 할 수도 없다고 말해주기를 바라지 않겠는가?

또한 너는 내가 그들에게 우리 마음의 다른 병들은 가장 천박한 자들을 공격하지만 분노는 교양 있는 사람들과 교양은 없어도 양식이 있는 사람들에게까지 침투한다고 경고해주기를 — 그들 각자가 더 조심하고 자신을 돌볼 수 있도록 — 바라지 아니 하겠는가?

분노의 침투력이 어느 정도냐면, 어떤 사람들은 분노를 솔직함의 표시라고까지 부르고 항간에서는 화를 잘 내는 사람을 자유분방한 정신의 소유자로 여길 지경이다.

분노로 얻을 수 있는 것은 없다

(3.5) 너는 묻는다. "그래서 결국 어떻게 해야 한다는 말인가?"

누구도 자신은 분노로부터 안전하다고 생각해서는 안 된다는 것이다. 분노는 천성이 친절하고 온화한 사람들도 잔인하고 폭력적인 행동을 하게 만들기 때문이다. 강건한 신체와 부지런한 건강 관리도 허약한 사람과 건강한 사람을 가리지 않는 역병에는 아무 소용이 없듯이, 분노는 천성이 예민한 사람에게나 느긋하고 침착한 사람에게나 똑같이 아주 위험하다. 아니, 사실 분노는 평소의 모습에 비해 변화가 더 심한 후자의 경우에 훨씬 더 추악하고 더 위험하다.

순서로 보면 첫째, 화를 내지 않는 것이 중요하고 둘째, 일단 화가 났으면 화를 멈추는 것이 중요하고 셋째, 다른 사람들의 화를 치유하는 것이 중요하다. 그러니 제일 먼저 화난 상태로 빠지는 것을 피하는 법에 대해 논하고, 다음으로 분노로부터 자유로워지는 법에 대해, 마지막으로 화난 사람들을 진정시켜 정신적 건강을 회복시키는 법에 대해 이야기하겠다.

분노가 초래하는 해악들을 모두 눈앞에 늘어놓고 하나하나에 대해 적절한 조치를 취하면, 화를 피할 수 있다. 우리는 분노를 기소해 유죄를 선고해야 하고, 분노의 죄상을 낱낱이 밝혀 백일하에 드러내야 하고, 최고의 악덕들과 비교해 그 정체를 분명히 밝혀야 한다.

이를테면 탐욕은 더 잘 이용하기 위해 사물들을 그러모으지만, 분노는 사물들을 낭비하고 반드시 대가를 치르게 한다. 화난 주인이 얼마나 많은 노예들을 달아나게 만드는가! 그를 화나게 한 문제 때문에 그가 잃는 것보다 그가 화를 냄으로써 잃는 것이 얼마나 더 많은가! 분노는 아버지에게 깊은 슬픔을, 배우자에게 이혼을, 관리에게 증오를, 후보자들에게 패배를 가져다준다.

분노는 사치보다 더 나쁜 죄다. 사치는 자신의 쾌락을 즐기는 것이지만, 분노는 남의 고통에서 기쁨을 얻기 때문이다. 분노는 악의와 질투를 능가한다. 악의와 질투는 그저 어떤 사람이 불행했으면 하고 바라지만, 분노는 직접 그들을 불행하게 **만들고** 싶어 하기 때문이다. 악의와 질투는 남의 불운에 기쁨을 느끼지만, 분노는 남에게 불운이 찾아오기를 기다리지 못한다. 분노는 자신이 싫어하는 사람들이 해를 입는 것을 지켜보기보다는 그들에게 해를 입히기를 원한다.

싸움만큼 괴로운 것은 없는데, 분노는 싸움을 부추긴다. 전쟁만큼 끔찍한 것은 없는데, 권력자들의 분노는 전쟁으로 터져 나온다. 보통 사람들이나 조용한 사람들의 분노도 무기나 군대가 없을 뿐 전쟁이다. 게다가 싸움이 계속되지나 않을까 하는 끊임없는 불안, 고통, 배신 등은 제쳐두더라도, 분노는 남에게 벌을 요구하는 순간 자신도 벌을 받는다. 분노는 인간의 본성에 위배되기 때문이다.

인간의 본성은 우리에게 사랑하라고 말하지만, 분노는 우리에게 증오하라고 말한다. 인간 본성은 남들을 도우라고 명하지만, 분노는 남들에게 해를 입히라고 명한다.

마음의 평화를 유지하려면

(3.6) 어떤 일에도 화내지 않는 것만큼 위대함을 보여주는 확실한 증거는 없다. 더 질서정연하고 별들이 자리하고 있는 우주의 상층은 구름도 모이지 않고 폭풍도 치지 않고 회오리바람도 휘몰아치지 않는다. 아래쪽에서는 벼락이 쳐도, 위쪽은 모든 소동으로부터 완전히 자유롭다. 마찬가지로 고고한 정신은 조용한 안식처에서 자신을 화나게 하는 모든 것을 내려놓고 언제나 평정을 유지하며, 절도 있고 고결하고 질서정연하다.

화난 사람에게서는 이 중 어느 것도 찾아볼 수 없다. 참다못해 분노의 광란이 시작되는 순간 부끄러움을 벗어던지지 않은 사람이 누가 있던가? 격분한 나머지 정신을 잃고 상대를 공격하는 순간, 체면이나 명예를 내팽개치지 않은 사람이 누가 있던가? 화가

났을 때 자신이 해야 할 일들의 개수와 순서를 제대
로 기억한 사람이 누가 있던가? 누가 자신의 혀를 조
심했던가? 누가 자기 몸의 한 부분이라도 제압했던
가? 누가 고삐가 풀렸을 때 자신을 제어할 수 있었던
가?

데모크리토스^{Democritos}[39]의 금언이 도움이 될 수 있
을 것이다. 그는 마음의 평정은 공적으로든 사적으로
든 자신의 능력보다 많거나 자신의 능력에서 벗어나
는 일을 하지 않는 데 있다고 말한다. 여러 가지 일을
하느라 분주한 사람들에게는, 사람 때문이든 일 때문
이든 화를 치밀어 오르게 하는 문제없이 지나가는 날
이 단 하루도 없다.

사람들로 북적대는 도시의 거리를 서둘러 지나가
다 보면 어쩔 수 없이 사람들과 부딪히기도 하고 발
에 걸려 넘어지기도 하고 사람들 때문에 걸음이 지체
되기도 하고 흙탕물에 옷이 젖기도 하는 것처럼, 이
혼란스럽고 불확실한 삶에서도 우리는 가는 길에 많

은 장애물과 갈등에 부딪히게 될 것이다. 어떤 자는 우리를 속여 희망을 빼앗고, 어떤 자는 우리의 희망이 이루어지는 것을 지연시키고, 어떤 자는 우리의 희망을 박살낸다. 우리의 일은 우리가 계획했던 길대로 가지 않는다. 많은 일을 하면서 매번 편한 길을 걸을 만큼 운명의 총애를 받는 사람은 아무도 없다. 그렇기 때문에 우리는 계획한 일이 실패하면 사람과 사물 모두에 인내심을 잃고 아주 별 것 아닌 이유로 사람, 일, 장소, 행운의 여신, 자기 자신에게 화를 낸다.

그러므로 마음의 평화를 유지하기 위해서는, 앞서 말했듯이 너무 많은 일이나 중대한 일 혹은 감당할 수 없는 일을 해서 마음을 어지럽히거나 지치게 해서는 안 된다. 어깨에 가벼운 짐을 졌을 때는 넘어지는 일 없이 짐을 나를 수 있지만, 남들이 올려준 무거운 짐을 졌을 때는 쩔쩔매며 종종걸음을 치다가 내동댕이치듯이 짐을 부리게 된다. 짐을 지고 가만히 서 있기만 해도, 무게를 견디지 못해 비틀거린다.

자신의 능력과 기질을 파악하라

(3.7.2) 무언가를 시도할 때는 항상 하려는 것이 어느 정도의 일이고 준비는 어느 정도 되어 있는지 그리고 자신의 능력은 어느 정도인지를 재어보라. 일을 하다 중도에 그만두면, 후회로 인해 성정이 상하게 될 것이다.

자신의 기질이 활달한지 활달하지 않고 소극적인지를 파악하는 것도 중요하다. 실패는 자신감이 넘치는 사람들에게 분노를 안겨주고, 혼자 있기를 좋아하는 소극적인 사람들에게 우울을 안겨준다. 그러니 너무 사소하지도 않고 너무 벅차지도 않은 일들을 시도하라. 우리의 희망은 바로 다음에 있는 문만을 향해야 한다. 자신이 해내고서도 스스로 놀랄 만한 일들은 시도하지 말라.

평온한 이들을 곁에 두어라

(3.8) 부당한 일을 당했다는 느낌을 갖지 않도록 노력하라. 왜냐하면 우리는 그런 느낌을 참는 법을 모르기 때문이다. 가장 침착하고 가장 느긋하고 불안이나 걱정과는 가장 거리가 먼 사람들과 시간을 보내도록 하라. 왜냐하면 가까운 사람끼리는 서로 닮기 때문이다. 어떤 질병은 병자와 접촉한 사람들을 감염시키듯 마음의 악덕도 가장 가까운 사람들을 감염시킨다. 술꾼은 자기와 친한 사람들까지 술에 빠지게 만들고, 여색을 탐하는 무리들은 돌덩이 같은 사람도 흐물흐물하게 만들며, 탐욕은 자신에게 접근하는 사람들을 감염시킨다.

미덕도 동일한 원리를 따르지만, 방향은 정반대다. 미덕은 손에 닿는 모든 것을 순화한다. 기후가 좋은 곳이 신체에 안겨주는 이득조차 더 좋은 사람들과 함께 지내는 것이 불안정한 마음에게 안겨주는 이득만 못하다. 이를 확인하려면, 야생 동물들이 인간 사회에 어떻게 적응하는지, 거대한 맹수조차도 오랫동안 인간들과 함께 생활하면 어떻게 공격성을 잃는지를 보기만 하면 된다. 좀 더 평화로운 환경 속에서는 맹수의 야성도 조금씩 무더지고 잊힌다.

더욱이 평화로운 사람들과 함께 있다 보면 더 나은 사람이 된다. 그들을 보고 배우기 때문이기도 하고 화가 날 일이 없기에 자신의 악덕이 더 심해질 일도 없기 때문이다. 따라서 자신을 화나게 할 것 같은 자들을 멀리 해야 한다.

너는 묻는다. "그들이 누구인가?" 많은 자들이 다양한 방법으로 너의 분노를 자극할 것이다. 오만한 자들은 경멸로, 비꼬기 좋아하는 자들은 모욕으로, 막돼먹은 자들은 무례로, 비열한 자들은 악의로, 공격적인 자들은 싸움으로, 거짓말로 자기 자랑을 늘어놓는 자들은 허영으로 너를 화나게 할 것이다. 너는 의심

많은 자들이 너를 두려워하고, 인정머리 없는 자들이 너를 이기고, 별 것 아닌 일에 호들갑을 떠는 자들이 너를 무시하는 것을 참을 수 없다. 그러니 솔직한 사람들, 틀에 얽매이지 않는 사람들, 극단으로 치우치지 않는 사람들과 함께하라. 그들은 너의 화를 돋우지도 않고 너의 화를 마냥 받아주지도 않을 것이다. 우리에게 훨씬 더 도움이 되는 것은 겸손하고 관대하고 친절하나 애써 잘 보이려 하지는 않는 사람들이다.

지나치게 잦은 아부는 기질상 화가 많은 사람들을 자극한다. 내게는 사람은 좋은데 너무 화를 잘 내는 친구가 있었다. 그에게는 시비 거는 말 못지않게 달콤한 말도 위험했다. 모두가 알다시피 화를 잘 내기로 유명했던 웅변가 카엘리우스^{Marcus Caelius Rufus}[40]도 있다. 그가 자기 밑에 있는 평민 한 명과 방에서 저녁 식사를 하고 있었는데, 이 사람은 인내심이 대단한 자였다. 그는 둘이 팔꿈치가 닿을 정도로 가까이 있는 상태에서는 말다툼을 피하기 어렵다고 보고 주인이 무슨 말을 하든 묵묵히 고개를 끄덕이는 것이 상책이라고 생각했다. 그가 계속 그런 반응을 보이자, 카엘리우스는 참지 못하고 소리쳤다. "내 말에 뭐든 반박을 해보게. 그래야 우리가 두 사람일 수 있지 않겠는가!" 하지만 카엘리우스조차도 곧 포기하고 말았다. 상대가 화를 내지 않아서 화가 났지만, 그렇다 해도 싸울 상대가 없었기 때문이다.

스스로 생각하기에 자신이 화를 잘 내는 성격이라면, 자신이 무슨 말을 하든 어떤 표정을 짓든 그대로 따라하는 사람들을 친구로 삼아라. 그들 때문에 뭐든 제 뜻대로 하려 들고 마음에 들지 않는 말은 아예 들으려 하지 않는 나쁜 습성을 갖게 될 수도 있지만, 그들의 그런 결함이 오히려 네게 안도감과 숨 쉴 여지를 줄 것이다. 늘 불평불만에 가득 찬 사람들과 남들을 못살게 구는 사람들이라도 듣기 좋은 말을 해주는 사람에게는 곁을 내준다. 자신을 공격하지 않는 상대에게 사납고 심하게 구는 존재는 없다.

토론이 너무 길게 이어지면서 열을 더해갈 때는 폭발하기 전에 미리 토론을 중단해야 한다. 토론은 스스로를 자양분으로 삼으며 토론의 늪에 빠진 사람들을 잡고 놓아주지 않는다. 싸움에서 빠져나오는 것보다는 싸움을 멀리하는 것이 더 쉽다.

몸과 마음을 지치지 않게 하라

(3.9) 화났을 때는 중대한 일은 시작하지 말고, 시작하더라도 기력이 다할 때까지 밀어붙이지는 말아야 한다. 어려운 일 말고 즐거운 예술에 마음을 써야 한다. 시를 읽어 마음의 평화를 찾고, 역사 속의 이야기들에 빠져보라. 점차 감각들이 살아나면서 기분이 좋아질 것이다.

피타고라스는 마음이 어지러울 때 리라를 연주했다. 각적과 나팔이 사람들을 흥분시키고 어떤 노래들은 마음을 진정시켜 잠에 빠져들게 하는 효과가 있다는 것을 누군들 모르겠는가? 초록빛은 피로한 눈을 풀어주는 데 좋고, 어떤 색깔들은 밝아서 약한 시력에 충격을 주지만 어떤 색깔들은 약한 시력에 편안함을 준다. 이와 비슷하게, 즐거운 여가 활동은 힘든 마음에 안식을 줄 수 있다. 광장, 법률 사무소, 법정 등

우리의 악덕을 더 부추기는 모든 것을 피해야 한다.[41]

또한 기력이 소진되지 않도록 주의해야 한다. 기력이 소진되면 우리 안에 있는 온화하고 평온한 것이 모두 고갈되면서 거칠고 사나운 것이 모습을 드러내기 때문이다. (…) 같은 이유로, 배고픔과 갈증도 피해야 한다. 그것들은 신경을 날카롭게 만들기 때문이다. 옛말에 지치고 피곤한 자들이 시빗거리를 찾는다고 했다. 배고픈 사람과 목마른 사람 그리고 뭔가를 갈망하는 사람도 마찬가지다. 상처가 있으면 살짝 닿거나 닿을지 모른다는 생각만 해도 아프듯이 상처 입은 마음은 인사나 편지, 말, 질문 같은 극히 사소한 것만으로도 소송까지 갈 만큼 화가 나게 된다. 아픈 것들을 건드리면서 싸움을 피할 수는 없다.

분노의 신호에 민감해져라

(3.10) 그러므로 분노의 신호를 감지하는 순간 일단 멈춰선 다음, 가능한 한 자신의 입에 고삐를 채워 분노가 터져 나오는 것을 미리 막는 것이 최선이다.[42] 자신의 감정이 최초로 발생하는 순간은 쉽게 알아챌 수 있다. 저 질병이 발생하기 전에 전조 증상이 있기 때문이다. 폭풍이나 비가 오기 전에 조짐이 있듯이, 분노나 사랑을 비롯해 우리의 마음을 어지럽히는 돌풍이 불기 전에도 그것들을 미리 알리는 신호가 있다.

발작[43]으로 고통받는 사람들은 사지에서 온기가 빠져 나가고 시야가 흐려지고 긴장으로 몸이 떨리고 기억이 나지 않고 머리가 빙글빙글 돌면, 발작이 곧 시작되리라는 것을 안다. 그들은 평상시에 늘 사용하던 방법들을 이용해 시작 단계에서 발작을 저지한다. 그들은 미각이나 후각을 자극하는 약을 사용하기도 하고 차갑고 뻣뻣해진 몸에 찜질약을 쓰기도 한다. 약이 잘 듣지 않을 때는 보는 사람이 아무도 없는 곳으로 가서 발작을 견딘다.

각자가 자신의 병을 알아차리고 병이 더 심해지기 전에 억제하는 것이 좋다. 그러자면 특히 우리를 화나게 하는 것이 무엇인지 생각해야 한다. 모욕적인 말에 흥분하는 사람도 있고, 모욕적인 행위에 흥분하는 사람도 있다. 어떤 사람은 자신의 높은 지위를 존중받기 원하고, 어떤 사람은 잘 생긴 외모를 존중받기 원한다. 어떤 사람은 교양이 높은 사람으로 여겨지기를 바라고, 어떤 사람은 학식이 깊은 사람으로 여겨지기를 바란다. 어떤 사람은 오만함을 못 견디고, 어떤 사람은 완고함을 못 견딘다. 어떤 사람은 자기 노예들에게는 화를 낼 가치도 없다고 생각하고, 어떤 사람은 집 안에서는 무섭지만 집 밖에서는 친절하다. 어떤 사람은 청탁을 모욕이라고 생각하고, 어떤 사람은 그렇게 생각하지 않는다.

사람마다 상처받기 쉬운 부분이 있다. 네가 할 일
은 너의 어느 부분이 취약한지를 아는 것이다. 그래
야 그 부분을 잘 보호할 수 있을 테니 말이다.

작은 일은 무시하고 넘어가라

(3.11) 모든 것을 보고 듣는 것이 네게 득이 되는 것은 아니다. 웬만한 손해들은 그냥 무시하고 넘어가라. 그러면 더 이상의 손해는 보지 않는다. 화를 덜 내고 싶은가? 그렇다면 캐묻는 일을 삼가라. 사람들이 자신에 대해 뭐라고 했는지를 꼬치꼬치 캐묻거나 혼자 있을 때라도 악담을 퍼붓는 사람들은 스스로 마음의 평안을 깨뜨릴 뿐이다. 어떤 일이 손해처럼 보이는 것은 그 일에 대한 해석 때문이다. 어떤 일은 뒤로 미루어야 하고, 어떤 일은 웃어 넘겨야 하고, 어떤 일은 용서해야 한다.

분노를 저지하는 방법에는 여러 가지가 있다. 대부분의 일들은 재미나 장난, 농담으로 치부하고 넘어갈 줄 알아야 한다. 소크라테스는 머리를 얻어맞고도 단지 이렇게 말했다고 한다. "언제 투구를 쓰고 외출해야 할지 알 수 없으니, 참 난감하군." 얼마나 손해를 입었느냐는 중요하지 않다. 중요한 것은 손해를 어떻게 받아들이느냐다.

나는 자제하는 것이 왜 어려운지 알 수가 없다. 부와 권력을 쥔 탓에 오만하기 이를 데 없는 폭군들조차도 자연스럽게 찾아오는 포악함을 자제하곤 했다. 전하는 바에 따르면, 아테네의 폭군 피시스트라투스 Pisistratus가 연 만찬회장에서 만취한 손님 하나가 그의 잔혹함에 대해 거리낌 없이 비난을 퍼부었다. 사방에서 많은 사람들이 앞다투어 그를 손봐주겠다고 나섰지만, 피시스트라투스는 침착하게 그 모든 것을 견뎌낸 다음 자신을 부추기던 자들에게 말했다. "당신들이 뭐라고 해도 나는 화를 내지 않을 것이다. 앞 못 보는 자가 어쩌다 나와 부딪혔다고 화를 낼 수는 없지 않겠는가."

분노가 자신을 정복하지 못하게 하라

(3.13) 자신과 싸워라. 분노를 정복하고자 한다면, 분노가 너를 정복하도록 내버려둬서는 안 된다. 분노를 감추고 출구를 내주지 않으면, 분노는 정복되기 시작할 것이다. 가능한 한 분노의 신호를 내보이지 말고 남들이 모르도록 분노를 감추어라. 이는 매우 힘든 일이다. 분노는 밖으로 뛰쳐나오고 싶어 하고 눈을 활활 불타오르게 만들고 싶어 하며 얼굴을 일그러뜨리고 싶어 하기 때문이다. 만일 분노가 우리 밖으로 뛰쳐나가게 내버려두면, 그것은 우리를 깔보게 될 것이다. 분노는 마음속 가장 깊은 곳에 묻어 두어야 한다.

분노가 우리를 사로잡아서는 안 되고, 우리가 분노를 사로잡아야 한다. 분노의 징후들을 모두 정반대로 돌려놓아야 한다. 얼굴을 편안하게 하고, 목소리를 부드럽게 하고, 걸음걸이를 늦추어야 한다. 그러다 보면 우리의 감정도 점차 외적 신호들을 따라가게 된다.

소크라테스는 화가 나면 목소리가 낮아지고 말수가 줄었다. 마치 자신의 움직임을 막고 있는 듯했다. 그러면 친구들이 책망의 의미로 그의 몸을 꽉 붙잡곤 했는데, 소크라테스는 자신의 숨겨진 분노에 대한 친구들의 질책을 기쁘게 받아들였다. 많은 이들이 그가 화났다는 것은 알았어도 화난 것을 느끼지는 못했으니, 어찌 기쁘지 않았겠는가? 만일 그가 자기 친구들에게 그를 비판할 권리(소크라테스도 친구들에 대해 가진 권리)를 주지 않았더라면 그들은 그의 분노를 느꼈을 것이다. 이런 태도가 훨씬 더 많이 필요하지 않겠는가!

우리는 가장 가까운 친구들에게 자신이 비판의 자유를 가장 참지 못할 때 자신에게 반대할 자유를 최대한으로 행사하고 분노에 동의하지 말아달라고 부탁해야 한다. 우리의 정신이 명료할 때, 스스로를 통제하고 있을 때 우리는 마음에 쾌감을 제공하는 이 강력한 악에 맞설 수 있도록 도움을 요청해야 한다. 술을 못 이기고 만취해서 무분별하고 난폭한 행동을 하지나 않을까 두려워하는 사람은 시중드는 하인에게 자신을 연회장 밖으로 데려고 나가라고 명한다. 아플 때 자신이 얼마나 분별없이 행동하는지를 경험한 사람은 사람들에게 자신의 건강이 안 좋을 때 내린 명령은 따르지 못하게 금한다.

마음을 가라앉히는 데 가장 좋은 길은 악덕을 막을 방법들을 미리 찾아보는 것, 특히 갑자기 중대한 문제가 닥치더라도 분노하지 않도록 미리 마음의 준비를 해놓는 것이다. 혹은 예상보다 큰일을 당해 분노가 치밀어 오르고 **있다면** 분노를 마음 깊은 곳에 집어넣고 힘들어도 내색하지 않는 것이다. 최고 권력자가 마음껏 분노를 휘두를 때 그 해악이 얼마나 큰지, 분노보다 두려움이 더 클 때는 분노가 얼마나 잘 억제될 수 있는지를 보여주는 몇 가지 예를 살펴보면, 이것이 가능하다는 것을 분명히 알게 될 것이다.

극한의 분노라도 억제할 수 있다

(3.14) 캄비세스^{Cambyses} 왕⁴⁴이 술에 빠져 지내자, 측근 중 한 명인 프렉사스페스^{Prexaspes}가 모든 사람이 주목하는 군주가 술에 취한 모습을 보이는 것은 부끄러운 일이니 술을 줄이라고 간언했다. 그러자 캄비세스는 말했다. "나는 절대로 자제력을 잃지 않아. 술을 마신 후에도 내 눈과 내 손이 아주 멀쩡하다는 것을 보여주지."

그는 커다란 잔으로 평소보다 더 많은 술을 들이켰고 드디어 만취한 상태가 되자 자신에게 간언한 프렉사스페스의 아들에게 문 밖으로 가서 왼손을 머리 위로 올리고 서 있으라고 명했다. 그리고는 심장을 맞추겠다고 말하고는 활시위를 당겨 진짜로 소년의 심장을 겨냥해 쏜 뒤, 가슴을 갈라 정확히 심장에 박혀 있는 화살촉을 보여주었다.

그는 소년의 아버지를 향해 이만 하면 자기 손이 멀쩡하다고 할 수 있지 않느냐고 물었다. 프렉사스페스는 아폴로 신이라도 이보다 더 정확하지는 못했을 것이라고 답했다.

신들이여, 신분만 노예가 아닐 뿐 정신은 노예인 이 자를 파멸하소서! 그는 차마 눈 뜨고 볼 수 없는 참혹한 행위에 찬사를 바쳤다. (⋯) 그가 자신이 불러일으켰고 목격한 그 살육 행위와 아들의 시신 앞에서 아버지로서 어떻게 행동했어야 했는지는 다른 데서[45] 살펴볼 것이다. 어찌 됐건, 이 이야기에서 분명히 알 수 있는 것은 분노가 억제될 **수 있다**는 것이다.

분노를 감추고 미소를 지어라

(3.15) 페르시아의 하르파고스^{Harpagus}[46]도 자기 왕
에게 비슷한 간언을 했다. 그러자 그의 말에 언짢아
진 왕이 하르파고스의 자식들을 죽여 몸통만으로 요
리를 하게 한 다음 만찬에 내놓고는 하르파고스에게
입맛에 맞는지 물었다. 하르파고스가 잘 먹고 있는
것을 본 왕은 자식들의 머리를 가져와 보여주고는 하
르파고스에게 맛있게 먹었느냐고 물었다. 그런 상황
에서도 이 가련한 자는 할 말을 잊지 않았다. 입을 다
물고 있는 대신, 그는 "폐하와 함께라면, 어떤 식사인
들 즐겁지 아니 하겠습니까?"라고 말했다. 이 아부로
그는 무엇을 얻었을까? 그는 남은 음식을 마저 먹지
않아도 되었다.

나는 그 아버지가 왕의 행위를 비난해서는 안 된다
고 말하는 것이 아니다. 나는 그가 악독하기 이를 데

없는 만행에 응분의 복수를 해서는 안 된다고 말하는 것이 아니다. 다만 지금 이야기에서 얻을 수 있는 교훈이 있다. 끔찍하기 이를 데 없는 악행으로 인한 분노도 감출 수 있고 속마음과는 전혀 다른 말을 할 수 있다는 것이다. 이런 종류의 삶에 던져진 사람들, 즉 왕의 식탁에 초대받은 사람들에게는 이렇게 고통을 속으로 삭이는 것이 필요하다. 그것이 왕 앞에서 먹고, 마시고 답하는 방법이다. 왕 앞에서는 자기 가족의 죽음 앞에서도 미소를 지어야 한다.[47]

칼리굴라의 잔혹함

(3.18.3) 굳이 저 옛날까지 갈 필요가 있을까? 불과 몇 해 전에[48] 칼리굴라는 전 집정관의 아들인 섹스투스 파피니우스Sextus Papinius, 자신의 행정관의 아들이자 자신의 재무관인 베틸리에누스 바수스Betilienus Bassus, 그밖에 원로원 의원들과 로마 기사들을 불과 하루 만에 매질하고 고문해 죽였다. 심문을 하다가 그런 것이 아니라 단지 자신의 즐거움을 위해서였다.

잔인함이 주는 쾌락이 워낙 커서 잠시도 참을 수 없던 그는 자기 어머니 저택의 정원 주랑(저택의 현관과 강 사이에 있는 주랑)에서[49] 아내들과 산보하던 원로원 의원들과 마주치자 평소에 벼르던 인물 몇 명을 등불 가에서 참수했다. 뭐가 그리 급했을까? 하룻밤 사이에 자기 일신상에 혹은 국가에 어떤 위험이 닥치기라도 한단 말인가? 동이 틀 때까지 기다리기가 그토록 힘들었을까? 만일 새벽까지 기다렸다면, 그가 슬리퍼를 신은 채 원로원 의원들을 죽이지는 않을 수 있었을 텐데.

권력을 지닌 자가 분노를 통제하지 못할 때

(3.19) 이야기가 길에서 벗어나 샛길로 빠졌다고 생각할 수도 있겠지만, 칼리굴라의 잔인함이 얼마나 오만했는지를 아는 것은 나름의 의미가 있다. 그러나 이에 대해서는 적정 한도 이상으로 치닫는 분노에 관해 논의할 때 다루기로 하자. 어찌 됐건, 칼리굴라는 앞의 사건이 있기 전에도 채찍질로 원로원 의원들을 죽인 적이 있었다. 그랬기 때문에 그는 "이 정도쯤이야 흔히 있는 일이지!"라고 말할 수 있었다. 그는 하프 줄, 발목 겸자, 고문대, 불, 자신의 얼굴 등 가장 극심한 고통을 줄 수 있는 온갖 방법을 동원해서 고문했다.

너는 말할 것이다. "정말 끔찍하군! 세 명의 원로원 의원을 마치 쓸모없는 노예라도 되는 듯이 매질하고 불태운 다음 찢어죽였다니. 원로원 의원들 전체를 학살할 생각도 했고, 로마인들 전체의 목이 단 하나여서 너무나 많은 곳과 많은 시간에 걸쳐 벌이는 자신의 잔학 행위들을 단 하루에 단 한 번의 타격으로 끝낼 수 있기를 바랐다니!" (…) 덧붙이자면, 그날 밤에 그는 자신이 살해한 사람들의 집에 백인대장들을 보내 아버지들까지 살해했다. 다시 말해, 저 '자비롭기 그지없는 인간'은 그들을 비탄에서 해방해주었다.

나는 칼리굴라가 얼마나 잔인했는지를 말하려는 것이 아니다. 그의 분노 — 개인을 향해 치달았고 모든 민족을 갈라놓았고 도시, 강 등 고통을 느낄 수 없는 것들까지 공격했던 힘 — 를 기술하려는 것뿐이다.

안티고누스 왕의 관용

(3.22) 무엇을 **피해야** 하는지를 보여주는 사례들은 이 정도로 그치고, 이제부터는 우리가 본보기로 **따를** 만한 사례들, 즉 분노할 이유도 충분했고 보복할 힘도 있던 사람들이 절제와 관용을 보여준 사례들을 살펴보기로 하자.

두 명의 병사가 안티고누스 왕^{King Antigonus}[50]의 막사에 기댄 채 왕에 대한 험담을 늘어놓고 있었다. 험담이야말로 사람들이 위험을 무릅쓰고서라도 무척 즐겨 하는 것이 아니겠는가. 그런데 두 병사와 안티고누스 왕 사이에 있던 것은 얇은 천 하나뿐이었으므로 왕은 그들이 하는 말을 모두 들었다. 왕에게 병사 두 명에 대한 처형 명령을 내리는 것만큼 쉬운 일은 없었을 것이다. 하지만 그는 천막의 휘장을 조용히 제치고는 이렇게 말했다. "좀 멀리 가서 이야기하게. 그래야 왕이 자네들 이야기를 못 듣지 않겠는가."[51]

---

* 3권의 끝부분에서는 2권에서 이야기했던 태도 변화라는 주제로 되돌아간다. 세네카는 남들에게 부당한 대우를 받았다는 느낌의 원천인 자만심을 버리라고 말한다. 만일 그럴 수 없다면 자신들에게 해를 끼치는 자들을 용서할 이유들을 찾아보라고 말한다. 2권에서 보았듯이 가장 중요한 이유는 우리를 판단에서 떨어져 나와 자비로 향하게 하는 인간의 보편적 오류 가능성 ─ 동료 인간들과의 '상호 관용의 협약' ─ 이다.

잘못은 누구나 저지른다

(3.24.2) 말소리가 너무 크다거나 불만스러운 얼굴을 하고 있다거나 작은 소리로 불렀을 때 바로 달려오지 않는다고 해서 나의 노예에게 족쇄와 채찍질의 벌을 내려야 하는 이유가 무엇인가? 도대체 내가 누구이기에, 내 귀를 시끄럽게 하는 것이 죄가 된단 말인가? 심지어 적조차도 용서한 사람들이 많이 있는데, 행동이 굼뜨거나 조심성이 없거나 수다스러운 사람들을 용서 못할 이유가 무엇이겠는가? (⋯)

그는 친구다. 알고 그런 것은 아닐 것이다. 그는 적이다. 그는 해야 할 일을 했을 뿐이다. 그가 지각 있는 자라면, 믿어주어라. 그가 어리석은 자라면, 용서해주어라. 그가 어떤 자이건 간에 우리는 스스로에게 다음과 같이 말해야 한다. "가장 현명한 자들도 잘못을 범하곤 한다. 아무리 성실한 사람도 불성실할 때가 있고, 아무리 성숙한 사람도 상황이 변하면 진중함을 잃고 경솔하게 행동할 때가 있으며, 남에게 불쾌감을 주는 행동을 하지 않으려 조심하는 사람도 본의 아니게 남의 기분을 상하게 할 때가 있다."

우리 모두는 악한 사람 중 한 명일 뿐이다

(3.26) 네가 반박하는 소리가 들린다. "나는 화를 참을 수가 없어. 잘못을 보면 참기가 힘들거든."

너의 말은 사실이 아니다. 화를 참을 수 있다면, 어찌 잘못을 참을 수 없겠는가? 더욱이 네가 바라는 것은 화와 잘못 둘 모두를 참아내는 것이 아닌가?

너는 아픈 사람이 헛소리를 내뱉고 미친 사람이 욕설을 퍼붓고 어린아이들이 버릇없이 주먹을 휘둘러도 왜 그냥 참고 넘어가는가? 두말 할 필요도 없이 그들이 자기 자신이 무슨 짓을 하고 있는지를 모르는 것처럼 보이기 때문이다. 모르고 그런 것이라면, 각 사람이 어떤 결함 때문에 그것을 몰랐는지가 뭐 그리 중요한가? 잘못한 사람들은 하나같이 몰랐다고 변명하지 않는가.

너는 묻는다. "그래서 네 말은 그가 벌을 받는 것을

면해야 한다는 것인가?" 그것이 네가 바라는 것인 듯 보이게 하라. 그런다 해도 그가 벌을 면제받는 일은 없을 테니. 잘못에 대한 최고의 벌은 잘못을 저질렀다는 사실 그 자체다.[52] 후회의 고통에 시달리는 자들만큼 무거운 대가를 치르는 사람은 없다.

삶에서 마주치는 모든 불운을 공정히 판단하려면, 인간의 기본 조건을 전반적으로 살펴봐야 한다. (…) 우리는 모두 경솔하고 배려심 없으며 감정의 기복이 심하다. 뻔한 사실을 애써 돌려 말할 필요가 있을까? 한마디로 말해 우리 모두는 악하다. 각자가 남에게서 어떤 허물을 찾아내건 간에 똑같은 허물을 자신 안에서 발견할 수 있다. 이 사람의 창백한 얼굴이나 저 사람의 마른 몸에 왜 관심을 갖는가? 허물은 어디에나 있다. 그러니 서로 더 친절하게 대하라. 우리는 사악한 사람들 사이에 살고 있는 사악한 사람들일 뿐이다.

우리에게 평화를 줄 수 있는 것은 오직 하나 상호 관용의 협약뿐이다. "그는 내게 해를 입혔지만, 나는 그에게 해를 입히지 않았어." 그러나 너는 이미 **누군가에게** 해를 입혔거나 앞으로 해를 입히게 될 것이다. 지금 이 시간, 오늘만 생각하지 말고 전체적으로 네 마음의 모든 움직임을 생각해보아라. 네가 지금까지 어떠한 나쁜 짓을 하지 않았더라도, 언젠가는 **나쁜 짓을 할 수 있다.**

마음의 방어력을 키워라

(3.28) 너는 처음에는 이 사람에게 화냈다가 다음에는 저 사람에게 화를 낸다. 노예한테 화냈다가 자유민에게 화를 내고, 부모에게 화냈다가 아이들에게 화를 내고, 유명한 자에게 화냈다가 보통 사람들에게 화를 낸다. 네 마음의 방어력이 커지지 않으면, 네 눈길이 닿는 곳마다 화낼 일이 널려 있다. 너는 이 사람에 대한 분노에 사로잡혔다가 또 저 사람에 대한 분노에 사로잡힌다. 불평불만이 끝이 없을 것이기에, 너의 분노도 끝없이 이어질 것이다.

그렇다면 불행한 이여, 네게 사랑할 시간이 있을까? 오, 너의 소중한 시간을 안 좋은 일에 낭비하다니! 어떤 사람에게 해를 입힐 수 있는 게 무엇이 있나, 어떻게 하면 어떤 사람의 평판이나 재산, 신체에 해를 입힐 수 있나 궁리하는 것보다는 우정을 쌓고 적의를 가라앉히고 공공의 이익을 돌보고 집안일에 힘쓰는 것이 훨씬 더 낫지 않겠는가! 더욱이 남에게 해를 입히려 하다 보면, 설사 그가 너보다 못한 사람이라 해도, 싸움이나 위험을 피할 수 없게 마련이다.

돈은 분노로 달궈진 피로 만들어진다

(3.33) 돈이 있는 곳은 아비규환의 소굴이다. 돈은 법정을 녹초로 만들고 아버지와 자식의 의를 상하게 하고 독을 타고 병사들과 살인자들이 칼을 쥐게 한다. 돈은 분노로 달궈진 우리의 피가 한 방울 한 방울 떨어져 만들어진다. 돈 때문에 남편과 아내가 밤마다 고함을 지르며 싸우고, 돈 때문에 군중들이 판사석으로 몰려든다. 왕들이 살육과 약탈을 하고 오랜 세월의 노동으로 세워진 도시들을 파괴해 잿더미 속에서 금과 은을 찾는 것도 돈 때문이다. 구석에 쌓여 있는 돈자루들은 쳐다보기만 해도 좋지만, 싸움 끝에 눈알이 뽑히고 법정이 고함소리로 가득 차고 멀리서 온 판사들이 누구의 탐욕이 더 정당한지를 결정하기 위해 앉아 있는 것도 모두 돈자루 때문이다.

상속자 없이 죽음을 목전에 둔 노인의 마음이 찢어

질 듯 아픈 것이 돈자루 때문이 아니라 고작 한줌의 동전이나 노예가 비용으로 청구한 1데나리우스[53] 때문이라면 어떤가? 손발이 뒤틀리는 병에 걸려 더는 돈을 늘릴 수 없게 된 고리대금업자가 극심한 고통 속에서도 1리의 이자 때문에 돈을 돌려달라고 고래고래 소리를 지른다면 어떤가?

만일 네가 온갖 고생을 해가며 금속 광산을 채굴해 얻은 돈을 모두 내게 준다 해도, 네가 우리의 금고 속에 있는 것은 무엇이든 다 내 앞에 던져 준다 해도(단, 부정한 방법으로 빼낸 것은 제외하고 ― 탐욕이 그것들을 빼내게 했지만, 탐욕은 그것들을 다시 땅속으로 파묻을 수도 있다), 나는 그것을 선한 사람의 얼굴을 찌푸리게 하는 것과 바꿀 생각이 없다.[54] 우리를 눈물 흘리게 만드는 저것들의 배후에 웃음소리가 얼마나 낭자한가!

분노할 만한 가치가 있는가?

(3.34) 이제, 분노를 유발하는 다른 것들을 살펴보자. 음식과 술, 이것들을 위한 화려한 장식과 격식, 모욕적인 말, 무례한 태도, 말을 안 듣는 짐 나르는 짐승, 굼뜬 노예, 말을 할 수 있는 능력을 자연의 많은 해악 중의 하나로 만들어버리는 말에 대한 의심과 악의적 해석. 내 말을 들어라. 그것들은 심각한 일이 아니다.

그런데도 우리는 그런 일들 때문에 심각하게 분노한다. 사실 그것들은 어린애들을 치고받게 만드는 그런 종류의 것들에 불과하다. 우리는 그것들을 아주 심각하게 취급하지만, 사실 그것들은 별 의미가 없거나 중요하지 않다. 내가 너의 분노를 일종의 광기라고 말하는 것은 바로 그 때문이다. 네가 별 것 아닌 일에 엄청난 가치를 부여하고 있기 때문이다.

매일 밤 자신을 재판관 앞에 세워라

(3.36) 우리의 모든 감각을 안정된 상태로 돌려놓아야 한다. 마음 — 날마다 거듭나야 하는 — 이 감각을 어지럽히는 일을 멈추면, 감각은 곧 안정된 상태를 회복한다. 이것이 섹스티우스[55]가 사용한 방법이다. 그는 하루 일과를 마치고 잠자리에 들 준비를 하면서 자기 자신에게 물었다. "오늘 너의 잘못 중에 치료한 것이 있는가? 차단한 잘못이 있는가? 더 나아진 것이 있는가?" 이렇듯 분노가 자신이 매일 재판관 앞에 서야 한다는 것을 안다면, 분노는 약해지고 진정될 것이다.

매일 밤 그날 일을 모두 바로잡는 것보다 더 좋은 방법이 있겠는가? 이렇게 자신을 꼼꼼히 들여다본 후에, 마음을 칭찬하거나 질책한 후에, 자신의 관찰자이자 은밀한 재판관에게 인격을 조사받고 난 후에 드는 잠은 얼마나 평화롭고 깊고 걱정 없겠는가!

나도 이런 방법을 사용한다. 매일 나만의 법정에서 그날의 사건에 대해 변론한다. 해가 저물고 나의 습관을 잘 알고 있는 아내가 입을 다물면,[56] 나는 검열관이 되어 하루 동안 있었던 일과 내가 한 말과 행위들을 살펴본다. 아무것도 숨기지 않고 단 하나도 빼놓지 않는다. 내가 다음과 같이 말할 수만 있으면, 실수한 것 때문에 두려워할 이유는 전혀 없다.

"이번에는 용서하지만, 다시는 그러지 않게 조심하라. 저 논쟁에서 너의 말투는 대단히 공격적이었다. 이제부터는 무지한 자들과 시간을 낭비하지 마라. 지금까지도 배우지 못했다면, 그들은 배우고 싶지 않은 것이다. 너는 필요 이상으로 심하게 질책하는 바람에 그 사람이 나아지도록 돕기는커녕 기분만 상하게 했다. 다음에는 네 말이 진실이라는 것만 생각하지 말고 상대방이 진실을 들을 수 있는 사람인지도 생각하라. 좋은 사람은 비판을 고마워하지만, 최악의 인간은 비판하는 사람을 못마땅하게 여긴다."

보잘것없는 것에도 화를 내려 하는가?

(3.37) 너는 만찬에서 어떤 사람들이 던진 짓궂은 농담이나 말에 상처를 받는다. 그러니 천박한 자들이 모이는 자리는 피하라. 그들은 맨정신일 때도 부끄러움을 모르기 때문에 술이 들어가면 훨씬 더 제멋대로 군다. 너는 네 친구가 법률가나 부자의 집에 들어가려고 하는데 그 집의 문지기 노예가 막아서는 바람에 화가 난 친구를 대신해 저 보잘것없는 동산動産(노예)에게 화를 낸다. 너는 줄에 묶인 경비견에게도 화를 낼 것인가? 시끄럽게 짖어대는 개도 먹을 것을 던져주면 조용해진다. 그러니 조금 뒤로 물러나서, 웃어라!

"저 자는 소송하는 사람들이 몰려드는 문 앞을 지키고 서 있을 뿐이면서 자신이 뭐라도 된 듯이 착각한다. 그러는 동안 운 좋게도 집안에서 편히 쉬고 있는 자는 쉽게 들어올 수 없는 자기 집 문을 자신의 높은 지위와 권력을 보여주는 것으로 생각한다.[57] 그는 세상에서 가장 통과하기 힘든 문은 감옥 문임을 깨닫지 못하고 있다.

너는 앞으로 견뎌야 할 일이 많을 것이라고 각오해야 한다. 겨울에 춥다고 놀랄 사람이 있겠는가? 바다에서 뱃멀미가 난다고 놀랄 사람이 있겠는가? 도시의 거리를 걷다가 뭔가에 부딪힌다고 놀랄 사람이 있겠는가? 마음은 각오되어 있는 일들에는 의연하다. 너는 식탁에서 상석보다 낮은 자리를 배정받았다. 너는 다른 손님, 너를 초대한 집주인, 너보다 윗자리에 앉은 사람에게 화가 나기 시작한다. 어리석은 자여! 식탁에서 어떤 자리에 앉는지가 뭐가 중요한가? 쿠션이 너를 더 고귀한 존재나 더 천박한 존재로 만들 수 있기라도 한단 말인가? 누군가가 너의 재능에 대해 좋지 않은 말을 하기에 너도 그를 향해 좋지 않은 표정을 지었다. 이것들이 네가 규칙으로 삼고 있는 것인가?"[58]

디오게네스가 평정심을 유지한 방법

(3.38) 누군가가 너를 모욕했다. 그렇다 한들 스토아 철학자인 디오게네스Diogenes가 받은 모욕만 하겠는가.

디오게네스가 분노에 대해 말하고 있는데 오만한 청년 하나가 그에게 침을 뱉었다. 디오게네스는 자신이 받은 모욕을 유쾌하면서도 현명한 유머로 받아넘겼다. "나는 화나지 않았네. 사실 화가 나야 하는 것인지도 잘 모르겠네."

---

* 다음에 이어질 다소 과장된 어투로 쓰여 있는 『분노에 대하여』의 마지막 부분에서 세네카는 늘 뇌리를 사로잡고 있던 주제인 죽음에 대해 이야기한다.

분노로 시간을 낭비하지 말라

(3.42) 분노를 제거해야 한다. 마음에서 분노라는 악덕을 뿌리째 뽑아버려야 한다. 어딘가 조금이라도 들러붙을 곳이 있기만 하면 분노는 다시 자라날 것이기 때문이다. 분노를 억제하기만 할 것이 아니라 완전히 없애버려야 한다. ― 악을 다루는 데 '적당히'가 있을 수 있을까? 노력을 하기만 하면, 우리는 악을 제거할 힘을 가질 수 있다.

그러기 위해서는 삶의 유한함에 대해 생각하는 방법보다 더 좋은 것은 없다. 각자 자기 자신과 남들에게 말해야 한다. 마치 영원히 살 것처럼 분노를 터뜨리고 짧은 인생을 허비하는 것이 뭐가 기쁜가? 명예로운 즐거움들을 위해 쓸 수 있는 날들을 누군가를 괴롭히는 데 바친다고 해서 무슨 기쁨이 있는가? 그런 날들은 가볍게 써버릴 수 있는 것이 아니다. 낭비해도 좋을 만큼 시간이 남아돌지 않는다. 왜 성급하게 언쟁으로 치닫는가? 왜 언쟁을 자초하는가? 왜 자신의 결함을 망각하고 엄청난 증오심에 사로잡혀서 자신이 부서질 수 있는데도 남들을 무너뜨리려 드는가?

머잖아 열병이나 그밖의 신체적 질병이 찾아와 우리 마음속에 뿌리박혀 있는 적의를 중단시킬 것이다. 머잖아 죽음이 끼어들어 가장 격렬한 싸움을 중지시킬 것이다. 왜 소란 속으로 뛰어들어 마치 폭도들처럼 우리의 삶을 무질서 속으로 내던지는가? 운명이 머리 위에서 내려다보며 점점 더 가까이 다가오는 죽음의 날들을 헤아리고 있다. 네가 누군가의 죽음을 초래하는 데 쓰고 있는 시간은 너 자신을 위해 쓰는 시간으로 바뀌어야 한다.

어차피 죽음이 모두를 평등하게 만들 테니!

(3.43) 짧은 인생을 소중히 여기고 너 자신과 타인들을 위해 평화로운 것으로 만드는 것이 어떻겠는가? 사는 동안에는 모두에게 사랑을 받고, 죽어서는 모두가 너를 그리워하는 것이 어떻겠는가? 오만한 태도로 너를 대하는 인간을 왜 짓밟아버리고 싶어하는가? 왜 너를 화나게 하는 자 ─ 많은 업신여김을 당하지만 자신보다 나은 자들을 성가시게 하고 짜증나게 하는 비천한 자 ─ 를 너의 모든 힘을 다해 부숴버리려 하는가? 왜 노예, 주인, 왕, 피고에게 화를 내는가? 조금만 참아라. 보라, 다가오고 있는 죽음이 너를 그들과 평등하게 만들 것이다.

종종 우리는 아침에 원형투기장에서 서로 밧줄로 묶여 있는 황소와 곰의 싸움을 구경한다. 치고받는 싸움이 끝나면, 사형집행인이 그들을 기다리고 있다.

우리 처지도 다를 바 없다. 승자와 패자 모두에게 이미 정해져 있는 끝이 다가오고 있는데, 우리는 자기 자신과 밧줄로 한데 묶여 있는 사람에게 채찍질을 해댄다. 얼마 남지 않은 시간이라도 조용하고 차분하게 보내보자. 관 속에 누워 있는 나의 시신을 미워하는 사람이 아무도 없게 하자.

때때로 이웃집에서 "불이야"라고 외치는 소리가 다툼을 끝내고 산짐승의 출현이 강도나 산적을 몰아낸다. 더 큰 두려움이 닥쳤을 때는 더 작은 문제들과 씨름할 시간이 없다. 네가 싸움과 배신 속에서 결국 추구하는 것이 무엇인가? 너를 화나게 만든 상대에게 죽음 이상의 것을 원할 수는 없다. 그런데 네가 아무것도 하지 않아도 그는 **어차피** 죽는다. 어떤 식으로든 결국 일어나게 되어 있는 일을 일어나게 하려고 애쓰는 것은 노력 낭비다. (…) 네가 사형을 생각하든 그보다 좀 더 관대한 처벌을 생각하든 간에 그가 대가를 치름으로써 고통을 받을 시간도, 네가 벌을 줌으로써 사악한 기쁨을 얻을 시간도 얼마 남아 있지 않다.

머잖아 우리는 생명의 마지막 숨을 내뱉을 것이다. 숨을 쉬고 있는 동안은, 인간 세상에 있는 동안은 인간다움을 소중히 간직하자. 누구에게든 두려움이나 위험을 안겨주는 사람이 되지 말자. 손해, 해악, 모욕, 비웃음에 경멸을 보내자. 웬만한 짜증나는 일들은 참자. 흔히들 말하듯이 몸을 돌려 뒤를 보는 순간, 죽음은 지척에 와 있다.

엮은이 주

1 지금은 사라진 비극 작품에서 인용한 것으로 보인다.

2 일차적으로는 전쟁 포로들이 노예로 팔려 나가는 것을 가리키는 것으로 보이지만, 율리우스-클라우디우스 왕조의 황제들이 자행한 재산 몰수를 암시하는 것으로도 볼 수도 있다(라틴어 원문 속의 카피타^{capita}는 '사람'과 '재산' 둘 다를 의미한다).

3 성을 포위한 적군의 횃불과 야영 모닥불을 가리킨다.

4 로마 제국에서 일반적인 처형 방식이었던 십자가형을 가리킨다. 예수가 십자가형에 처해진 것은 세네카가 『분노에 대하여』를 쓰기 십여 년 전쯤이었으며 당시까지만 해도 로마에는 기독교가 거의 알려져 있지 않았다.

5 이 책은 각 장에 붙은 번호가 일률적이지 않고 건너뛰는 경우가 있는데, 이는 그 중간의 장들이 생략되었다는 것을 의미한다. 1.12에서처럼 한 장 내에 생략 부호(…)가

있을 때는 중간 내용이 생략되었음을 의미한다.

6 이하의 내용에서 분명히 알 수 있듯이, 여기서 '감독관 overseer'(라틴어 단어의 의미는 '조타수'에 더 가깝다)은 이성을 가리킨다. 세네카가 이성이라는 능력에 부여한 중요성을 강조하기 위해 원서에서는 이성을 대문자로 (Reason) 표기했다. 세네카와 동료 스토아 학자들은 이성을 우주를 지배하는 더 큰 이성에 의해 주어진 인간 본성 안의 신적 요소라고 보았다.

7 세네카의 에세이들은 때로 '대화'라고 불린다. 위의 문장에서처럼, 주요 화자가 하는 말에 끼어들어 문제를 제기하거나 반박하는 익명의 화자를 내세우기 때문이다.

8 이 책에는 생략되어 있지만, 라틴어 원본에는 바로 뒤이어 매우 강한 성적 편견을 보여주는 문장이 나온다. 거기서 세네카는 자신이 말하고 있는 것과 같은 정신적 붕괴는 여성에서 흔히 볼 수 있다고 말한다. 의도한 것은 아니지만, 이 문장의 생략은 세네카나 고대 로마의 저자들 (거의가 남성들이었고, 독자도 남성으로 상정하고 글을 썼다)

의 성차별적 시각을 은폐하는 결과를 초래할 수 있다. 하지만 본 시리즈의 편집진(프린스턴대학교 출판부)은 스토아적 원리들의 보편성을 강조하는 것이 이 책의 출판 의도라는 데 뜻을 모았다. 독자들은 이 인용문과 이 책에서는 생략된 그 다음 문장에서 세네카가 자신의 윤리적 역할 모델로 삼은 것은 어디까지나 로마인 남성이었고 이는 세네카의 저술에서 일관된 입장이었다는 점을 기억할 필요가 있다.

9 원래는 초창기 로마 비극에 나오는 말인데, 칼리굴라가 가져다 쓴 것으로 보인다. 칼리굴라의 악몽 같은 통치는 『분노에 대하여』가 집필되기 몇 년 전까지 이어졌다. 이 책에는 빠져 있지만, 위의 인용문 다음에 세네카가 분명하게 칼리굴라에 대해 언급하는 내용이 나온다(세네카는 보통 가이우스 케사르라는 본명을 사용하는데, 이 책에서는 더 익숙한 별명인 칼리굴라를 주로 쓰고 있다).

10 현존하는 리비우스의 책들에서는 이 인용구를 찾을 수 없다.

11 아킬레스^{Achilles}의 갑옷을 두고 아약스^{Ajax}와 오디세우스 ^{Odysseus}가 레슬링을 할 때 아약스가 오디세우스에게 한 말. 『일리아드^{Iliad}』23.724 (세네카는 그리스어로 인용했다).

12 칼리굴라는 41년에 원로원 의원들과 호위대의 음모로 암살당했다.

13 로마의 엘리트들은 때로 집 지붕(옥상)에 나무를 심었다.

14 세네카 시대의 행정 체계에서 원로원에서 뽑힌 프로콘술 ^{proconsul}들은 제국의 방대한 영토의 총독직을 할당받았다.

15 왕의 아내나 하렘을 보호할 내시(환관)을 생산하기 위해 소년들을 거세했음을 뜻한다.

16 이 다소 진부한 일화는 세네카가 지어낸 것일 수도 있다. 다른 자료 어디에서도 플라톤이 피후견인을 양육(교육) 했다는 이야기는 나오지 않는다.

17 법정에서 빌려온 비유. "우리는 모든 피고인에게 무죄 추정의 원칙을 적용해야 한다."

18 부유한 집들에서는 짐꾼들이 산에서 운반해온 눈을 이 용해 시원한 음료를 만들었다.

19 '법적으로 무죄'를 뜻한다.

20 이는 세네카의 속마음이 드러나 있다는 점에서 흥미로운 대목이다. 세네카는 어떤 사람을 부당하게 대우하는 것이 내적 발전의 필요성에서 나온 것이라면 용납될 수도 있다는 생각을 갖고 있었던 것으로 보인다.

21 진실을 쓰지 않아 색이 바래버린 은화에 비유하고 있다.

22 세네카 시대의 여성관은 여자는 도덕적 선택 능력이 떨어진다였고, 세네카도 예외는 아니다. 여기서 '여자'는 '아내'를 뜻하는 것으로 해석할 수도 있다.

23 이런 주장은 네로의 궁정에서의 세네카의 처신이라든가 2.33과 3.15에서 볼 수 있는 세네카의 놀라우리만치 순응적인 태도와 잘 들어맞는다.

24 지금은 낚시 바늘을 피한다 해도 결국은 벌을 피할 수 없다는 말이다. 이런 식의 위안은 세네카가 도덕 철학에서 벗어나 더 평범한 생각 쪽으로 나아가고 있다는 것을 보여준다.

25 당시의 여러 철학 학파는 나쁜 짓을 한 자는 남들에게 해

를 끼친 것 이상으로 자신을 해친 것이라는 생각을 공통적으로 갖고 있었다.

26 퀸투스 파비우스 막시무스는 기원전 3세기 로마의 장군으로 한니발^Hannibal의 이탈리아 침공 당시 지연 전술을 쓴 것으로 유명하다.

27 스토아 철학에서는 미리 병을 상상함으로써 미래의 병에 대비하는 훈련(프라에메디타티오 말로룸^praemeditatio malorum)을 했다. 세네카는 종종 사람들에게 이러한 훈련을 하라고 권했다.

28 황소의 등 위에서 공중제비를 하는 곡예는 고대 미술과 그 밖의 자료들에서 찾아볼 수 있다.

29 세네카는 훗날 주고받음을 지배하는 도덕규범을 탐구하는 『베풂의 즐거움^De Beneficiis』이라는 긴 논문을 썼다.

30 마르쿠스 카토는 스토아 철학에 입각한 삶을 살았던 기원전 1세기의 원로원 의원이다. 세네카는 도덕적인 면에서 소크라테스 이후 가장 현명한 자라고 칭송했다.

31 멋부리기를 좋아했던 칼리굴라는 자기보다 외모가 빼어

나거나 옷을 잘 입은 사람을 보기만 하면 상대를 가리지

않고 분노했다고 한다.

32 칼리굴라를 비꼬는 표현. 세네카는 뛰어난 언변 때문에

칼리굴라의 질투를 샀지만 겨우 사형을 피할 수 있었다.

33 술라가 로마를 통치하던 기원전 80년대에 체제의 적들

은 추방이라 불리는 일종의 블랙리스트에 의해 제거되

었고 희생자의 자식들은 시민권을 박탈당했다.

34 여기서 주된 지시 대상은 골족이다. 골족은 로마의 지배

에 맞서 격렬한 투쟁을 벌인 적이 있지만 진압된 뒤에 로

마 시민이 되었다. 시민권을 부여하는 방식의 흡수 전략

은 골족에게뿐 아니라 다른 경우에도 사용되었다.

35 신화에서 인간들 간의 불화의 원천으로 묘사되는 지하

세계의 여신들인 복수의 여신들 혹은 디라이Dirae를 가리

키는 것으로 보인다.

36 첫 번째 인용문은 정확한 출처는 알 수 없으나 서사시의

일부인 것만은 분명하다. 두 번째 인용문은 로마 시인 베

르길리우스가 『아이네이스The Aeneid』에서 인간들 간의 다

툼을 불러일으키는 하계의 힘들을 상상하는 대목 중 하나인 8.702에서 찾을 수 있다.

37 기원전 1세기에 살았던 로마의 스토아 철학자다.

38 트로이 전쟁에 관한 신화들에서 아이아스는 아킬레스의 갑옷을 두고 벌인 조작된 레슬링 시합에서 오디세우스에게 패배하자 격분했다(주 11을 볼 것). 그는 자신을 속이기로 공모한 자들을 암살할 계획을 세웠으나, 아테나가 손을 쓰는 바람에 잠시 광기에 사로잡혀 그들 대신 소떼를 죽였다. 정신이 돌아온 그는 수치심을 이기지 못하고 자살했다.

39 기원전 5세기의 그리스 철학자였던 데모크리토스는 오늘날 모든 물질은 원자로 이루어져 있다는 주장을 한 인물로 잘 알려져 있다.

40 카엘리우스는 키케로와 동시대인으로 세네카보다 한 세기 전쯤에 활동했던 인물이다. 키케로는 그를 변호하기 위해 〈카엘리우스를 위하여〉라는 연설을 한 적이 있다.

41 사업과 공무의 압박에서 벗어남을 뜻하는 오티움otium(여

유)이 가져다주는 이득은 세네카의 글에 항상 등장하는 주제다.

42 가장 훌륭한 인물들의 마음속에서도 분노의 신호가 발생할 수 있음을 세네카가 인정하고 있다는 사실이 중요하다. 문제는 그 신호에 어떻게 반응하느냐는 것이다.

43 간질을 의미한다. 세네카는 간질을 '의원의 병^{comitialis} ^{vitium}'이라고 부르는데, 민회 도중에 의원 중 누구든 간질 발작을 일으키면 즉각 휴회가 선언되었기 때문이다.

44 키루스 대제의 아들인 캄비세스는 기원전 6세기 후반에 페르시아 제국을 통치했다. 세네카가 들고 있는 사례는 헤로도투스의 『역사』 제3권에 나오는 이야기이다.

45 현존하는 세네카의 저술들로 볼 때, 세네카는 이 약속을 지키지 못했다. 그는 프렉사스페스의 수동적 태도에 화가 났던 것 같다. 그런데 2.33을 보면, 자기 아들의 죽음 앞에서 프렉사스페스와 비슷한 태도를 보였던 파스토르에 대해서는 찬사를 보낸다. 그는 칼리굴라 혹은 네로와의 관계에서 자신이 갖고 있던 딜레마의 해결 방안을 전

혀 찾지 못했던 것으로 보인다.

46 기원전 6세기에 메디아 제국의 고위 관리로서 아스티아게스 왕의 신하. 앞의 이야기와 마찬가지로 이 이야기도 헤로도토스의 『역사』에 실려 있다. 하르파고스는 아스티아게스 왕이 죽이라고 지시한 아이를 몰래 살려줘 왕의 분노를 샀다. 그 벌로 하르파고스는 자식들의 몸통으로 만들어진 음식을 먹는 벌을 받는다. 훗날 세네카가 쓴 비극 『티에스테스Thyestes』에 이와 흡사한 장면이 나온다.

47 다음 문장은 훨씬 더 충격적인데, 이 책에서는 생략되어 있다. 생략된 부분에서 세네카는 잔인한 주인 밑에 있는 사람들에게 자살을 권한다. 그렇다고 해서 세네카가 폭정에 대한 해결책으로 수동적 수용만 제시했던 것은 아니다. 다만 분노를 억누를 필요성을 이야기하는 맥락에서 수동적 수용을 강조한 것이다.

48 우리가 알고 있는 집필 날짜가 맞다면, 이 사건이 일어난 것은 세네카가 『분노에 대하여』를 쓰기 십여 년 전이다.

49 세네카는 마치 자신의 독자들이 이곳을 훤히 알고 있기

라도 한 듯한 투로 적고 있다. 칼리굴라의 어머니는 아우구스투스의 손녀인 아그리피나다.

50 안티고누스 왕은 마케도니아의 귀족 출신으로 기원전 4세기 후반에 알렉산더 대왕 사후 왕위 계승 전쟁 동안에 출중한 능력을 발휘해 왕관을 차지한 인물이다.

51 세네카가 인내와 침착함의 좋은 사례로 제시하는 일화들은 격분과 잔혹함의 예로 제시하는 이야기들만큼 크게 와닿지 않기 때문에 이 책에서는 대부분 생략하고 꼭 필요한 만큼만 수록했다.

52 앞의 주 23을 참고할 것.

53 데나리우스는 로마 제국의 기본적인 통화 단위였다. 세네카가 살던 시절에 로마 보병의 주급은 약 4.5데나리우스였다.

54 세네카의 막대한 재산을 생각하면, 부를 경멸하는 이 같은 그의 말은 공허하게 들린다. 일설에 따르면 세네카는 공격적인 사채업으로 재산을 모았다고 한다.

55 앞의 주 37을 참고할 것.

56 세네카의 모든 저술에서 가족에 대한 언급은 지극히 모호한 수준에 그치고 있다. 『분노에 대하여』보다 뒤에 쓴 에세이들에는 자신보다 훨씬 어린 귀족 출신의 파울리나Paulina라는 여인을 자기 아내라고 언급하고 있다. 하지만 그는 한 번 이상 결혼을 했을 가능성도 있다.

57 로마 시대에 다른 사람을 도울 능력이 있는 부유하고 영향력 있는 개인들의 집 밖에는 후원을 받으러 온 손님들이 늘 줄 서 있었다.

58 3.36에서 시작된 스스로에게 하는 세네카의 말이 어느 대목에 가서 일반 독자에게 하는 말로 바뀌는지 분명하지 않다. 다만 이 책의 끝부분에서는 일반 독자를 대상으로 말하는 것이 분명하다.

옮긴이_ **안규남**

한국외국어대학교 영어과를 졸업하고 서울대학교 철학과 박사 과정을 수료했다. 『칼 마르크스』『간디 평전』『민주주의의 불만』『왜 우리는 불평등을 감수하는가』『위기의 국가』『인간의 조건』『평등은 없다』등 다수의 책을 번역했으며, 『철학 대사전』 편찬에도 참여했다.

어떻게 분노를 다스릴 것인가?

초판 1쇄 인쇄 2024년 11월 15일 **초판 1쇄 발행** 2024년 11월 25일

지은이 세네카 **엮은이** 제임스 롬 **옮긴이** 안규남
펴낸이 김종길 **펴낸 곳** 글담출판사 **브랜드** 아날로그

출판등록 1998년 12월 30일 제2013-000314호
주소 (04029) 서울시 마포구 월드컵로8길 41 (서교동 483-9)
전화 (02) 998-7030 **팩스** (02) 998-7924
페이스북 www.facebook.com/geuldam4u **인스타그램** geuldam
블로그 http://blog.naver.com/geuldam4u

ISBN 979-11-92706-34-4
       979-11-87147-61-9 (세트)

책값은 뒤표지에 있습니다.
잘못된 책은 바꾸어 드립니다.

이 도서의 국립중앙도서관 출판시도서목록(CIP)은 e-CIP 홈페이지(http://www.nl.go.kr/ecip)와 국가자료공동목록시스템(http://www.nl.go.kr/kolisnet)에서 이용하실 수 있습니다. (CIP 제어번호 : 2020042373)